René Weiland

Die Unruhe des Denkens

und das Versprechen der Philosophie

René Weiland

Die Unruhe des Denkens

und das Versprechen der Philosophie

der blaue reiter

Verlag für Philosophie
Siegfried Reusch e. K.
Göttinger Chaussee 115 • D-30459 Hannover
info@verlag-derblauereiter.de
www.verlag-derblauereiter.de
Gestaltung: s+p mediendesign, Stuttgart
Titelbild: Erscheinung (Ausschnitt). Jürgen Durner, 2011, 80 x 100 cm, Öl auf Leinwand
Druck: Bookpress.eu, Olsztyn / Polen
ISBN: 978-3-933722-75-1

Bibliografische Information der Deutschen Nationalbibliothek
Die Deutsche Nationalbibliothek verzeichnet diese Publikation in der Deutschen Nationalbibliografie; detaillierte bibliografische Daten sind im Internet über http://dnb.dnb.de abrufbar.

Inhalt

Einleitung

Denken ist zwei in eins: einerseits intuitiv, andererseits Ordnung ins spontan Gedachte bringend. Was aber heißt ordnen anderes, als unterscheiden zu lernen – zwischen Innen und Außen? Sichert uns Philosophie diesbezüglich schon einen Anhalt für die von uns vorzunehmenden Klärungen? Das Kunstverb „philosophieren" legt uns dies fälschlicherweise nahe.

Wer philosophiert, denkt nicht

In einem Aufsatz von 1934 fasst Helmuth Plessner[1] das Philosophieren als ein „auf nichts gewagtes Denken". Anders als die auf Gegenständliches bezogenen Wissenschaften könne es sich nicht einfach an überlieferten Erkenntnissen orientieren und darauf aufbauen. Und doch darf sich das Philosophieren, so Plessner, getragen wissen: Darüber, dass es seine Bodenlosigkeit als Prinzip seiner selbst erkennt, annimmt und austrägt, erweise es sich als frei und souverän auch sich selbst gegenüber.[2]

Frei – vielleicht. Aber souverän? Beides in einem Atemzug zu nennen, verweist auf eine vorschnelle Identifikation von Denken und Philosophie. Sicherlich, Philosophie ist, durch die Jahrhunderte hindurch, Ausdruck einer geistigen Souveränität gegenüber den sich verändernden menschlichen Lebensverhältnissen. Aber das Denken? Muss sich dieses nicht immer wieder neu erproben? Leisten wir dies etwa schon, wenn wir Philosophie „treiben"? Denken wir bereits beziehungsweise erst, wenn wir Texte von Platon, Aristoteles, Immanuel Kant oder Michel Foucault lesen? Werden wir denn von dem, was wir treiben, unsererseits umgetrieben? Sind wir, wenn wir derart „philosophieren", auf gleiche Weise mit dem Ganzen unserer Person dabei, wie wenn wir denken? Ein Philosophiebuch können wir auf- und zuklappen, an einer philosophischen Diskussion können wir teilnehmen und sie wieder verlassen – aber wir können nicht aufhören zu denken; genauso wenig wie wir bewusstermaßen entscheiden, mit dem Denken anzufangen.

Subjektlose Souveränität

Wir denken selbst dann, wenn wir es nicht merken. Und: Wir denken auf immer eigene Weise. Denkend suchen wir uns in unserem Impuls, zu denken, selber zu ergründen; wir durchlaufen sozusagen noch einmal unsere Subjektivität, mit der wir uns, für uns selbst undurchschaubar, ausgestattet vorfinden. Gleichwohl denken wir nicht für uns alleine. Wir drücken uns in unseren Gedanken aus, um von anderen verstanden zu werden. Wie aber könnten wir je füreinander nachvollziehbar sein, wenn sich nicht jeder und jede[3] an einem Objektiven orientierte, woraufhin wir uns mit anderen verständigen? Genau dafür steht, als Idee, die Philosophie: als ein Versprechen, das wir uns alle, in und trotz unserer Subjektivität, im Hinblick auf die Geltung einer unabhängig von uns existierenden Wirklichkeit geben.

Die Idee der Philosophie beruht auf der Bereitschaft, uns für das offenzuhalten, was wir nicht selbst sind. Jede entstandene und noch entstehende Philosophie verdankt sich unserer unversiegbaren Fähigkeit zu solcher Offenheit. Keine Philosophie vermag die Quelle, die wir für uns darstellen, auszuschöpfen. Für die Unausdenkbarkeit der Philosophie als institutioneller Entsprechung unserer Fähigkeit zu lernen steht der Name *philosophia perennis*, „ewige Philosophie", ein. Sie spiegelt, als Idee, unser eigenes, uns selbst nicht ganz erklärliches Vermögen, uns mit Wahrheiten zu konfrontieren, die über uns selbst hinausgehen. So wenig irgendeine Philosophie *die* Wahrheit „hat", so hat sie doch an unserer Bereitschaft zu ihr teil. So verstanden, umkreisen die vielen Philosophien – wie Karl Jaspers (1883–1969) in seiner 1948 gehaltenen öffentlichen Antrittsvorlesung an der Universität Basel sagte – die Idealvorstellung einer immerwährenden Philosophie, im Bewusstsein, sie nie zu erreichen.[4]

Bloß Philosophie „treibend", müssen wir uns indessen nicht groß an jene uns selbst betreffende Versprechen halten, uns selbst zu hinterfragen. Wir machen spielerisch-souveränen Gebrauch von unserem Denkvermögen, ohne dass uns unser Denken gefährlich würde. Philosophisch gebildet oder gar geschult, mögen wir problemlos eine philosophische Disputation durchstehen – und haben doch keinen einzigen Gedanken gedacht, der das Potenzial hätte, uns aufzuwühlen und umzuwenden: Wir sind philosophische Souveräne, ohne Subjekte unseres eigenen Denkens zu sein. Allein, welchen Gewinn wollen wir aus unserer Vernunftbegabtheit ziehen, wenn wir nicht, uns durch unsere Subjektivität hindurcharbeitend, versuchten, Licht in unser Welt- und Selbstverhältnis zu bringen? Denken wir, so virtuos wir auch „philosophieren" mögen, womöglich an uns vorbei?

Als Subjekte sind wir uns unseres Unterworfenseins unter Bedingungen bewusst, die wir nicht selbst geschaffen haben. Mit dem Bewusstsein unseres Bestimmtseins wächst paradoxerweise auch unsere Verantwortung: Wir sehen uns aufgerufen, die Bedingtheit unseres Lebens in einem Zug anzunehmen, uns zu eigen zu machen und darin unseren Spielraum zu ermitteln. Mit dem Effekt, dass wir mit dem Augenblick, da wir uns unseres Bedingtseins bewusst werden, schon beginnen, uns von unserem Verstricktsein darin zu lösen. Philosophie, als Versprechen auf unsere eigene Lernfähigkeit, verheißt uns ein umso besseres, freieres Leben, haben wir es erstmal geschafft, uns von unserer Egozentrik zu befreien.

Wir überwinden damit nicht zuletzt auch unser Misstrauen voreinander, das in der Blindheit unserer Selbstbehauptungen gründet. Jedoch: Weist uns Philosophie, als erlernbare Disziplin und Methodik, schon den Weg dorthin? Müssen wir ihn nicht vielmehr aus uns selbst heraus finden – wenn nicht gar uns neu erfinden?

Aufgabe unseres Denkens ist es, überhaupt erst einmal die Möglichkeit eines solchen Weges freizulegen. Dies tut es, indem es, als Bedingung dieser Möglichkeit, eine grundsätzliche Differenz in allem ausmacht: die von Innen und Außen. Wir sehen, wie uns eine Welt erscheint – wie wir, selber Teil der Welt, dieser zugleich gegenüberstehen. Zeitgleich mit dem Wahrgenommenen werden wir uns als Wahrnehmende inne. So sehr wir auf unsere je eigene Weise die Welt wahrnehmen, gehen wir schon über sie hinaus – und kommen doch nie an sie heran.

Allmählich erst finden wir unseren Weg, darüber, dass wir aus unserer Gegenstellung zur uns erscheinenden Welt einen Zwischenraum zwischen ihr und uns herauslesen, von dem her – und auf den hin – wir die Wirklichkeit und mit ihr unser eigenes Leben darin reflektieren.

Mit jeder solchen Reflexion verankern wir uns tiefer in der Wirklichkeit wie in unserem eigenen Lebensgefühl. Jedesmal durchlaufen wir dabei unser Erleben und bilden so mit der Zeit eine uns umso vertrautere Subjektivität heraus. Im Maße unserer Vertrautheit mit ihr werden wir uns umso undurchsichtiger. Wir haben weder einen direkten Zugang zu uns noch zu der Wirklichkeit, die uns umgibt. Hier wie dort finden wir Innen und Außen ins Unabsehbare verfaltet. Weder können wir uns einfach auf uns zurückziehen noch am Außen objektives Genügen finden. Entsprechend kommt unserem Denken eine doppelte Vermittlungsfunktion zu: einerseits die eines Nadelöhrs, wodurch wir, durch unsere Subjektivität hindurch, unseren Weg zur Welt nehmen; andererseits die eines Filters, der reguliert, was von außen in uns eindringt und von dorther unser Erleben tangiert.

Daher rührt denn auch, so die Schweizer Philosophin Jeanne Hersch (1910–2000) in ihrem Erstlingswerk *Die Illusion*, die Duplizität jedes philosophischen Problems. Ihr zufolge verbindet sich mit jeder Sache, der sich die Philosophie je widmet, der Entschluss seitens des oder der Denkenden, sich eben hierauf einzulassen. Ohne es uns eigens bewusst zu machen, sind wir zu gleichen Teilen auf Seiten der Objekte unseres Nachdenkens und unserer selbst als über sie Nachdenkende. An jede äußere Erkenntnis ist eine Entscheidung über unsere innere Existenz gekoppelt. Der ganzheitliche Charakter einer jeden Philosophie hat mithin weniger mit der Systematik zu tun, die sie entfaltet, als vielmehr mit ihrem in sich gedoppelten Ausgangspunkt. So einsinnig eine Philosophie erscheinen mag, so ist sie doch in der Tiefe von Duplizität bestimmt – der Verklammerung ihres Gegenstandes mit der subjektiven Entscheidung, sich just ihm zuzuwenden.[5]

Denken und Atmen

Im selben Jahr wie Plessners Aufsatz erschien das zweibändige Werk *La Pensée*[6] des französischen Philosophen Maurice Blondel (1861–1949). Darin beschreibt er das Denken einerseits als einen noetischen – unsere Erkenntnisfähigkeit betreffenden – Vorgang, andererseits als ein pneumatisches Geschehen. Während unser Denken ein Denkbares aufgreift, das der Welt sozusagen innerlich ist und dem wir uns denkenderweise verbinden, vollziehen wir unser Verbundensein nach Maßgabe unserer Atemtätigkeit. Wie wir einatmend Äußeres in uns aufnehmen und ausatmend Inneres nach außen abgeben, treten wir, wenn wir denken, auf analoge Weise in eine solche Wechselwirkung von Außen und Innen ein. Beides strebt gleichermaßen, durch uns hindurch, einander zu, wie es sich wieder voreinander zurückzieht.[7]

So wie sich unser Denken von jeher in die Differenz von Innen und Außen hineingezogen erfährt, sieht es sich herausgefordert, sich die Differenz als solche auseinanderzulegen. Genau dies macht die Selbstentfaltung unseres Denkens aus: Es entfaltet, was ihm widerfährt. Mithin geht es unserem Denken, wie Blondel betont, auch nicht vornehmlich um Erkenntnis. Diese stellt vielmehr nur eine Vermittlungsphase dar innerhalb der unaufhörlichen Seitenwechsel von Innen und Außen, denen wir ausgesetzt sind und die unser Denken mitzuvollziehen sucht. Blondel beschreibt den Vorgang des Denkens als einen Prozess, bei dem wir einerseits die Ordnung eines Gedankens suchen, andererseits aus dessen Geschlossenheit wieder hinaus, auf einen Ausweg hin, ins Offene drängen.[8]

Wie unsere Atmung führt uns unser Denken abwechselnd in uns hinein und aus uns heraus. Permanent müssen wir, in und außerhalb von uns, zwischen Innerem und Äußerem vermitteln. Im Vollzug des Hin und Her des Denkens weitet sich der Spalt zwischen Innen und Außen, in den wir uns je gestellt finden, zu einem sich in alle Richtungen verzweigenden, unserem denkenden Nachvollzug offenstehenden Interferenzbereich. Zeitlebens haben wir damit zu tun, diesen Zwischenraum sowohl mit unseren Erfahrungen und Erwartungen, Reflexionen und Mutmaßungen zu füllen als auch durch Handeln zu überwinden. Maurice Blondels Frühwerk *L'action*[9] von 1893 war jenem rätselhaften Faktum gewidmet, dass wir, als von allen Seiten her Bedingte, in der Lage sind, handelnderweise über uns und die erscheinende Welt hinauszugehen.[10]

Per Denken legen wir uns, retrospektiv, unser Handeln aus, so wie wir, prospektiv, den Grund für neuerliches Handeln legen. Dafür müssen wir immer neu an der Grunderfahrung der Differenz unseres Inneren gegenüber der äußeren Welt die Angemessenheit unseres Handelns überprüfen. Nur so erhalten wir uns in beiderlei Richtung anschlussfähig: halten Kontakt zur Wirklichkeit (ohne schon sagen können zu müssen, worin diese eigentlich besteht) wie zu uns selbst, unseren An- und Umtrieben, die wir, so sehr sie unser Leben ausmachen, nie ganz verstehen werden. Mit dem Moment nun, da wir feststellen, dass wir auf sachlich inadäquate, für uns gleichwohl typische, wiederkehrende Weise auf die Außenwelt reagieren, sind wir aufgerufen, nicht nur unsere Handlungen, sondern, ihnen vorgelagert, unsere Wahrnehmungen zu überdenken und damit unser Lebensgefühl im Ganzen. Sobald wir dies tun, unterbrechen wir schon den Automatismus unserer Reaktionsweisen: Wir beginnen, an und in uns ein Feedbackgeschehen zu registrieren, das sich bis dato unserem Zugriff entzog. Um unserer inneren Balance wie unserer Konflikt- und Friedensfähigkeit nach außen hin willen müssen wir Kontrolle über jenes Geschehen gewinnen. Dafür denken wir.

Fortschritt durch Philosophie oder im Denken?

Denkend passiert uns etwas – stößt uns zu, durchquert uns. Sogleich versuchen wir, was durch uns hindurchgeht, von uns her zu durchdringen: Denkend antworten wir darauf, was uns zu denken gibt. Wir suchen uns dem gleichzumachen, was uns aus uns heraustreibt; wir assimilieren uns einer Störung, um sie sodann ins Gleichmaß eines Gedankens zu überführen, an dem wir uns selber stabilisieren. Mit dem gefundenen Gedanken emanzipiert sich unser Denken von seinem Anlass. Nach und nach entsteht eine „Theorie“, ein „System“ beziehungsweise, aufs Ganze gehend, eine „Philosophie". Nur, hält diese auch ihre eigenen Anfangsbedingungen wach, den Weg, der zu ihr geführt hat? Was, wenn sich mit der Stabilität, die sie uns bringt, eine Abgeklärtheit verbindet, die nichts mehr davon wissen will, was uns einstmals aus der Fassung und so erst zum Denken brachte? Was, wenn der Fortschritt, den Philosophie bringt, mit einer Spurenbeseitigung ihrer Genese einhergeht, die Hand in Hand geht mit unserer eigenen Desensibilisierung gegenüber einem bleibend Denkwürdigen?

So sehr uns Philosophie in einen Gleichmut versetzt, der uns ohne Not „philosophieren" lässt, halten wir dabei unser eigenes Denken nieder und mit ihm die Unruhe, die sich in ihm erhält. Eine Unruhe, die gleichwohl eine, wenn auch nicht offensichtliche Ordnung aufweist, an die wir uns in all unserem Geöffnetsein halten können: die der Zeit. Eine Ordnung, die sich daran zeigt, dass wir, was wir gerade gedacht haben, je schon überdenken. Denkend revidieren wir bereits unser Denken. Nirgends und niemals kommen wir zu einem ersten Prinzip, einem letztgültigen Abschluss, das und der nicht wieder überdacht gehörte. So wie wir uns als bereits Denkende vorfinden, können wir nicht einfach von uns her mit dem Denken – wie mit dem Atmen – aufhören. Beziehungsweise: Aufhören wollen zu denken, ist wiederum bereits ein Gedanke, zu dem wir, an unserer eigenen Unruhe müde geworden, das eine oder andere Mal neigen mögen. Dabei konfrontiert uns unser Denken mit einer Verspätung uns selbst gegenüber; desgleichen damit, dass wir uns in unserem Denken schlafwandlerisch voraus sind, geleitet von Ahnungen – Wünschen und Ängsten –, deren Determinationskraft uns erst im Nachhinein aufgeht.

Denken lässt sich auf keinen äußerlich beschreibbaren Zweck reduzieren. Eher besteht sein Zweck darin, jede bloße Zweckbeziehung zu unterbrechen, eben: sie zu reflektieren. Wir selber stellen bereits einen solchen Bruch dar – daran erkennbar, dass wir imstande sind, uns mit etwas zu befassen, das gar nicht anwesend ist, das wir sogar als umso bedrängender erleben können. Denkend machen wir uns auf einen Ort hin auf, der gleichsam nirgends und überall ist. Er ist nirgends, insofern wir als Denkende nie ans Ganze des Denkbaren heranreichen. Er ist überall, insofern wir, wenn wir denken, dies mit unserem ganzen Dasein tun, hingegeben an unsere Wahrnehmungen und Empfindungen, die wir gedankenlos mit „der" Wirklichkeit identifizieren. So finden wir uns in der zweifach paradoxen Situation vor, dass wir weder je beim zu Verstehenden ankommen noch unser Vermögen, zu verstehen, selbst ganz verstehen.

Permanent aus uns herausgetrieben, kommen wir dennoch nicht los von uns. Dies zeigt sich nicht zuletzt an dem doppelten Zeitbezug, in dem wir stehen. Wir leben einerseits in dauernder Ausgestrecktheit auf eine Zukunft hin, die uns – horizontgleich – nie zur Gegenwart wird. Andererseits erleben wir Zeit als vergangene Zeit, als eine Gegenwart, die, ehe sie uns als gegenwärtig bewusst wird, schon vorbei ist. Beide Zeit- und Denkmodi greifen, analog zum ständigen Seitenwechsel von Innen und Außen, unentwirrbar ineinander. So denken wir, wenn wir nach vorne hin, in Richtung Lebensplanung und praktischer Problemlösungen denken, *nach*; umgekehrt weiß sich unser Nachdenken von Ahnungen und Bedürfnissen geleitet, die uns den für unser Leben logischen nächsten Schritt machen lassen. Während unsere Prospektionen den Takt unseres Lebens vorgeben, greifen unsere Reflexionen je schon darin ein, verlangsamen und verstetigen in eins unsere Gangart. Zu keinem Augenblick werden Prospektion und Reflexion deckungsgleich: So ununterdrückbar unser Vorwärtsdrang ist, so wenig schaffen wir es, im Nachhinein auf die Höhe unserer selbst zu kommen.[11]

Dennoch können wir bei alldem die Möglichkeit eines Fortschritts im Denken herauslesen, ein Muster, das ein jedes Denken, bleibt es sich selbst nur auf der Spur, unweigerlich herausbildet. Denken bildet den Rhythmus der Zeit, dem es unterworfen ist, unwillkürlich nach. Und zwar in Form eines Dreischritts:

1. Zunächst antworten wir auf etwas, das uns zu denken gibt. Was uns zu denken gibt, ist früher als unser Denken; das heißt, wir denken immer *nach*. Es sind denn auch weniger wir, die die Fragen stellen (etwa nach dem Sinn unseres Lebens oder auch nur unseres gegenwärtigen Tuns), als dass wir Fragen an uns gerichtet sehen, die wir aus dem Stand beantworten müssen. Dazu gehört, dass wir, um unseres eigenen Spielraums willen, dies in der aufschiebenden Form einer Gegenfrage tun.
2. Jede Antwort, die wir (uns) geben, jede Lösung, die wir gefunden zu haben glauben, erweist sich als vorläufig; sie wirft neue Fragen auf, stellt uns vor ungeahnte Probleme. Wir sehen uns gezwungen, auf das, was unsere Antworten und temporären Problemlösungen ihrerseits auslösen, wiederum zu antworten: *weiter*zudenken.
3. Wir überdenken unsere einstmaligen Antworten, bemerken, wie sich diese mit der Zeit in erneute Fragen umgebogen haben, das heißt sich als nicht mehr taugliche, ja, unserer weiteren Entwicklung hinderliche Bewältigungsmuster von ehedem erweisen. Als solche geben sie uns – wir uns selber – neu zu denken. Wir müssen *um*denken: Wir fangen, auf höherem Niveau, wieder von vorne an (und immer so weiter).

Gedachtes und denkendes Denken

Philosophie „treibend", „philosophierend", wähnen wir uns von derlei Verwicklungen, Krisen und Transformationen frei. Wir meinen, Gedanken zu haben, die wir nicht erst mühsam artikulieren müssen, indem wir, was wir zunächst nur undeutlich und wirr empfinden, in eine auch für andere nachvollziehbare Sprach- und Denkform zu bringen versuchen. Um dahin zu kommen, anderen (und damit letztlich auch uns selbst) verständlich zu werden, gehen wir zunächst unsere eigenen Empfindungen durch. Denken stellt, im Sinne dieses Durchgehens, einen Ausdrucksprozess dar, dem wiederum ein Absolvenzgeschehen zugrunde liegt. Das heißt: Bevor wir etwas zum Ausdruck bringen können, müssen wir es unserem eigenen Inneren entwinden. Ein Gedanke, den wir dagegen zu „haben" meinen, drückt buchstäblich nichts aus. Er suggeriert, im Gegenteil, etwas Abgeschlossenes, Fertiges, Handhabbares zu sein. Genau dies ist die Situation einer Philosophie, die weniger als ein bleibendes – uneingelöst gebliebenes – Versprechen denn als ein auf uns gekommener Bestand auswendiger Gedanken aufgefasst wird: als etwas Gewordenes, dem kraft seines über Jahrtausende Gewordenseins Gültigkeit zuwächst.

In dem Maße, wie wir Philosophie als etwas in diesem Sinne auf uns Gekommenes denken, das wir, sei es getreulich kohärent verwalten, sei es raffiniert kombinatorisch handhaben, fassen wir Denken als schon *gedachtes* Denken auf.[12] Wir bewegen uns dann in einem grammatikalischen Modus der Vergangenheit, im Partizip Perfekt Passiv. Demgegenüber erleben wir uns, wenn wir hier und jetzt denken, als *denkend*, im Partizip Präsens Aktiv. Ganz und gar Gegenwart, bekommt unser Denken seine eigene Gegenwärtigkeit nicht zu fassen. Denkend entgleitet uns unser Denken. Im gleichen Maße erfahren wir, dass, wenn wir denken, etwas unserem

Denken widersteht; wir versuchen etwas zu denken, an das wir mit unserem Denken nicht heranzureichen vermögen. Aktiv denkend, bringen wir uns an die Grenze unseres Denkens, merken, dass unser Denken nur *unser* Denken ist. Dass uns dies auffällt, zeigt aber auch, dass wir imstande sind, über unser Denken hinauszudenken. Eben hier ist das Versprechen der Philosophie platziert: dass wir denkend aus dem Dunkel, das wir für uns selbst darstellen, heraus-, ins Freie finden, wo wir uns mit den ebenfalls das Freie suchenden anderen verbinden – wir, nach Karl Jaspers, das Verbindende von Wahrheit erfahren.[13]

Statt je der Wahrheit selbst teilhaftig zu werden, müssen wir weiter damit vorliebnehmen, in allem, was wir tun, die Differenz von Innen und Außen, die uns gerade bestimmt, nachzuverfolgen. Uns am Außen reibend, ringen wir doch letztlich immer mit unserem eigenen Inneren. Wir lernen, unsere Wahrnehmungen und Initiativen immer wieder neu von Automatismen zu befreien, die uns stets aufs Neue in die Falle unserer Abstandslosigkeit und Verblendung tappen lassen. Um dies zu vermeiden beziehungsweise zu verwinden, denken wir: Wir gehen denkend in die Differenz, in der wir stehen, hinein, um uns selbst frisch daraus hervorzuholen. Denkend durchlaufen wir, wieder und wieder, uns selbst. Dies jedoch nicht auf direktem, esoterischem Wege, sondern indem wir die Verhältnisse, in denen wir leben, in unserem Inneren durchmessen. Auf die Art leitet und begleitet unser Denken unsere Individuationen – hält uns elastisch für Veränderungen im Außen und hilft uns zugleich, dem Erlittenen ein selbstbestimmtes Werden abzutrotzen.

„Im Wirbel sprühender Bewegung“

Wenn Hermann Schmitz (1928–2021), Begründer der Neuen Phänomenologie, Philosophie als ein „Sichbesinnen des Menschen auf sein Sichfinden in seiner Umgebung“[14] definiert, dann bestimmt er weniger Philosophie als die Aufgabe unseres Denkens. Die Philosophie ist nicht schon der Weg zu ihr selbst. Es braucht vielmehr unser Denken, das sich, im doppelten Wortsinne, aufmacht zu einem Versprechen. Philosophie ist das Versprechen, das wir uns selbst geben – als diejenigen, die in eins ihre Subjektivität absolvieren und sich von ihr freizumachen suchen. Auf nichts als diese Freiheit hin – auf dass wir uns dazu bereitmachen, Tatsachen, die unabhängig von uns existieren, gelten zu lassen – haben wir Gebrauch von unserem Denkvermögen zu machen.

Wenn Schmitz weitergehend zwischen wissenschaftlicher und unwissenschaftlicher Philosophie unterscheidet, dann meint erstere, dass wir, was wir denken, sogleich objektivieren und systematisieren; in dem Sinne, dass unsere Besinnung auf unser Uns-Finden in unserer Umgebung mit der Anstrengung einhergehen muss, das Ganze der uns bestimmenden Wirklichkeit mit auszusagen, ja, gewissermaßen nichts als dies. Demgegenüber hält eine in Schmitz‘ Sinne unwissenschaftliche Philosophie uns im Modus der Offenheit – „im Wirbel sprühender Bewegung“[15]. Sollten wir uns nicht wenigstens einen Rest solch wirbelhaften Bewegtwerdens bewahren? Sollten wir uns, bevor wir uns allzu routiniert ans „Philosophieren“ machen, nicht erst einmal unserem unwillkürlichen Denken überlassen, ohne schon im Voraus zu wissen, wohin es uns führen wird?

Wissenschaft entscheidet nicht über ihren Gegenstand. Er liegt ihr unpersönlich vor. Wird er, so Jeanne Hersch, von einem Wissenschaftler, einer Wissenschaftlerin liegengelassen, verschwindet er damit nicht, sondern wird womöglich von jemand anderem aufgegriffen. Anders bei der Philosophie. Ein Philosoph, eine Philosophin ist nicht durch jemand anderen ersetzbar. Ein philosophisches Problem existiert nicht jenseits des Subjekts, das es aufwirft. Das macht, im Unterschied zur Anwendbarkeit etwa naturwissenschaftlicher Forschung, die Ohnmacht von Philosophie aus – aber eben auch die Freiheit, die in unserer Entscheidung verborgen ist, auf unsere Weise das uns Umfassende zu denken.[16]

Was, wenn wir in Zukunft, aufgrund sich immer schneller und tiefer vollziehender Umwälzungen, kaum mehr die Zeit aufbringen können, unser Denken auf ein gedachtes Ganzes hin zu explizieren? Reicht es nicht, unser Denken immer wieder neu als ein Organ schätzen zu lernen, das uns schlicht dabei hilft, Veränderungen zu überstehen? Philosophie ist ein Versprechen auf unsere Lernfähigkeit, gerade weil wir nie „auslernen". Uneingelöst – uneinlösbar –, steht uns doch dies Versprechen bei, uns selbst noch in unseren tiefgreifenden Wandlungen wiederzuerkennen.

Teil I

Der zweifelhafte Ruhm sokratischer Fragerei. Rhetorisch gestellte Fragen – seien es auch philosophische – ersticken jede Freiheit des Denkens. Erst indem Sokrates vor Gericht aus der ironischen Deckung heraustritt, beginnt er uns überhaupt zu berühren. Es sind nicht seine Fragen, sondern sein standhafter Freimut, der alles um ihn herum fragwürdig werden lässt.

Denken heißt antworten, nicht fragen

Allenthalben hört und liest man, denken hätte etwas mit dem Stellen von Fragen zu tun. Was, wenn es genau andersherum wäre, wenn denken antworten hieße – wenn die Fragen, die wir stellen, bereits Antworten wären, die wir in Form von Fragen auszusprechen bloß aufschöben? So gesehen könnten wir keine einzige Frage stellen, wüssten wir nicht schon irgendwie eine Antwort auf sie, und sei es, dass wir insgeheim wissen, dass sie gar nicht beantwortbar ist.

Der inszenierte Abstand

Nehmen wir die vielgerühmte sokratische Fragemethode. Sie bedient sich einer ironischen Verstellung seitens des Fragenden, durch die der Befragte glauben soll, gemeinsam auf dem Weg zu einer Antwort zu sein. In Wahrheit wird der Befragte vorsätzlich in die Ratlosigkeit getrieben, auf dass er erkenne, dass er nicht(s) weiß. Wobei Sokrates (469–399 v. Chr.) – als Hauptfigur der Dialoge Platons (427–347 v. Chr.) – verschweigt, dass dies Negativ-Wissen in seinem Fall auf ein positives Vor-Wissen zurückgeht, nämlich auf die Weissagung von Delphi, er sei der Weiseste von allen – was er in klarer Selbsteinschätzung dahingehend deutet, dass er wohl als einziger um die engen Grenzen seines Wissens wisse.

Warum aber dann die methodische Verstellung? Wusste er, als Weisester, nicht um das Ungerechte, Verletzende von Ironie wie auch um das Schicksal aller Ironiker, letztlich komplett zu vereinsamen? In seiner Frühschrift *Über den Begriff der Ironie mit ständiger Rücksicht auf Sokrates* sieht Sören Kierkegaard (1813–1855) mit ihr eine göttliche Unendlichkeit in unserem Geist walten, der nichts Weltliches standhält, nicht einmal der Ironiker selber. Hellsichtig beschreibt Kierkegaard, nicht zuletzt in Hinsicht auf sein eigenes Schicksal, die Ironie als etwas zutiefst Auszehrendes, ja, Vampirisches.[17] Um so merkwürdiger, dass Sokrates' Methode frageweiser Verstellung bis auf den heutigen Tag als Inbegriff einer philosophischen Haltung tradiert wird.

Der ironisch Fragende setzt ein Gesicht der Unwissenheit und Unschuld auf, mit dem er nach außen hin seine innerlich empfundene Dominanz überspielt. Harmlos tuend, frage er ja bloß. Gleichwohl fühlt sich der andere sofort in der Schuld, eine Antwort zu geben, die den Fragenden zufriedenstellt. Indem dieser den anderen unter Zeitdruck setzt, verstrickt er ihn in sein eigenes Vorhaben. Der Fragende gibt den Zeittakt vor, in dem der Antwortende zu folgen habe. Nach und nach bindet er so diesen an sich. Ein Fall von Double-bind: In genau dem Maße, in dem der Fragende den antworten Sollenden bedrängt, vergrößert er seinen inneren Abstand zu ihm. Ihm fragend näher und näher tretend, baut er, für den anderen kaum spürbar, seinen Vorsprung nur aus.

Während sich der Fragende gleichsam immer weiter zurücklehnt, findet der zur Antwort Gedrängte – im Versuch, weniger seine eigene als die „richtige" Antwort zu geben – sich in immer größere Unruhe versetzt. Immer deutlicher empfindet er sich in die Ecke getrieben. Die vordergründige Naivität des Fragenden nimmt für den, der antworten soll, immer bedrohlichere Züge an, ohne dass er sich seine ihn selbst dissoziierende Wahrnehmung erklären könnte. Hierfür bräuchte er Zeit und Abstand. Fort- und fortfragend, hintertreibt der Fragende aber gerade dies. Mit dem Effekt, dass der andere, kraft der Inkongruenz seiner klaren äußeren Wahrnehmung mit der inneren Verstrickung in etwas ihm Undurchschaubares, mehr und mehr in die Erstarrung getrieben wird.

Mutwillen der Mäeutik

In Platons Dialog *Menon*[18] schwant dem gleichnamigen Gesprächspartner früh, dass er von Sokrates mit Vorsatz in die Irre geführt wird. Geistesgegenwärtig hält er diesem vor, selber ratlos zu sein und all jene, mit denen er redet, in diese Ratlosigkeit mit hineinzuziehen. Wie der Zitterrochen lasse Sokrates jeden erzittern und lähme ihn letztlich. Worauf Sokrates schlagfertig antwortet, dass der Zitterrochen andere nur soweit erzittern lasse, wie er selber erzittert – „wenn nicht, nicht". Es würfe ein schlechtes Licht auf ihn, wäre er von der Ratlosigkeit, die er anderen bereite, selbst frei. Nun aber kommt die entscheidende Volte. Es sei er, Sokrates, gewesen, der nicht wusste, was Tugend sei (das Thema des Gesprächs), während jener, Menon, dies sehr wohl zu wissen meinte. Mittlerweile aber seien sie sich beide in ihrem Unwissen gleich. Hieraus nun schließt Menon auf eine grundlegende Aporie einer jeden Diskussion über Tugend: Wenn man weiß, was Tugend ist, ist eine Unterredung nicht mehr nötig; wenn man es nicht weiß, ist sie gar nicht möglich. Worauf Sokrates, nicht zuletzt im Rückgriff auf esoterisches Priesterwissen, mit der Sage von der Unsterblichkeit der Seele und dem Phänomen der Wiedererinnerung antwortet. So hätten wir es in einem früheren Leben schon einmal gewusst, jedoch, durch den Tod gegangen, vergessen.

Nichts anderes, als sich dieses Vergessenen wieder zu erinnern, nennt Sokrates „Lernen“.

Über dieses Lernen, diese Wiedererinnerung möchte Menon weiter von Sokrates belehrt werden. Der wittert hier Gefahr: Menon sei ein abgefeimter Mensch, von ihm Unterweisung zu erwarten, wo er doch gerade von ihm, Sokrates, gehört habe, dass es keine Belehrung von außen, sondern eben nur Wiedererinnerung geben könne. Er verdächtigt mithin Menon des Versuchs, ihn mit sich selbst in Widerspruch zu bringen. Fühlt sich Sokrates womöglich bei seiner eigenen Methode ertappt? An diesem Punkt des Gesprächs, in der Umdrehung der Fragesituation, ist die Ironie, als Strategie der Verstellung, an ihr natürliches Ende gekommen. Sokrates versäumt es jedoch, den Rollentausch anzunehmen und das Trennende der Ironie ins Verbindende des Humors zu überführen. Im Gegenteil, er wird an seiner Selbstverstellung weiter festhalten.

In Platons späterem Dialog *Theaitetos* steht Sokrates' berühmte Formulierung, dass Philosophie mit einem Sich-Wundern, „*thaumazein*“, anfange. Dies gibt er seinem Gesprächspartner Theaitetos zur Antwort, nachdem diesem von seiner Fragerei schwarz vor Augen geworden ist.[19] Sokrates greift dabei das Wort, mit dem Theaitetos sein Schwindelgefühl beschreibt – „*skotodinio*“ –, nicht auf.[20] In dem Maße, wie er Theaitetos' eigene Worte übergeht, ihm dessen Situation vielmehr paternalistisch „erklärt“, verhehlt Sokrates, dass der Schwindel direktes Resultat seiner Fragen, mithin Ausdruck der asymmetrischen Frage-Antwort-Situation ist. Das Sich-Wundern, das Sokrates als Ausweis des Philosophischen preist, erweist sich als schlichte Rationalisierung des vorhergehenden dramatischeren Schwindelgefühls. So übergeht Sokrates genau die Emotion, die er beim anderen verursacht hat. Beides zusammen, Verursachung und Im-Stich-Lassen, definiert aber den Verführer.

Wie kein zweiter ist der Schweizer Psychiater und Psychoanalytiker Aron Ronald Bodenheimer (1923–2011) mit seinem Buch *Warum? Von der Obszönität des Fragens* diesem subtilen Herrschaftsmittel nachgegangen.[21] Danach muss sich immer nur der Befragte, nie aber der Fragende bewegen. Das Fragen stellt seinerseits keine Gemütsbewegung dar, die es gleichwohl beim Antworten-Müssenden auslöst: Der Fragende bringt den Befragten zum Erröten, nicht sich selbst. Wo aber Scham ist, betont Bodenheimer, ist Geist. Mit der Antwort, zu der der Befragte gedrängt wird, wird er zur Wahrnehmung seiner inneren Bewegtheit genötigt. Nicht nur, dass der Fragende sich derlei Gedanken nicht machen muss; er verleiht sich im Maße seiner eigenen Ungerührtheit die Autorität, die anderen aufzustören.

Dass Sokrates zum Schluss dem Theaitetos seine hebammenhafte Methode offenbart, macht es nicht besser. Wenn sich Sokrates nämlich selber, wie die Hebammen seiner Zeit, als gänzlich unfruchtbar apostrophiert, während er umso effektivere Geburtshilfe beim Herausbringen von Erkenntnis leisten zu können meint, so sollten wir den ersten Teil seiner Aussage ernst nehmen. Der zweite dagegen erscheint bereits als Beschönigung des ihn umtreibenden Mutwillens. Kommt letztlich nicht immer nur zur Welt, was seine stets suggestiven – auf ein Ja oder Nein gehenden – Fragen vorgeben? War, dies vorzugeben, Sokrates nicht seinerseits bereits durch die Weissagung von Delphi vorgezeichnet? Was anderes als dieses Vor-Ergebnis wird durch die sokratische Fragemethodik „hervorgebracht"?

Aristotelische Vorsichtsmaßnahmen

Hätte Sokrates nicht nur geredet, sondern auch geschrieben, wäre er mit dieser Haltung kaum durchgekommen. Statt sich mittels seiner, zumal ironischen, Fragen permanent zu entziehen, hätte er sich und sein Denken in einfachen Aussagesätzen deutlich machen müssen. Seine habituelle Ironie wäre schnell aufgeflogen und gar nicht erst zu einer Methode geworden.

Hier wird nicht zuletzt der Unterschied zwischen platonisch-sokratischem und aristotelischem Denken augenfällig. Während sich bei Platons Sokrates das Fragen notwendigerweise statisch – im Stehen, Sitzen oder Liegen – abspielt, wäre dies unter den Wandelgängern der Aristotelischen Schule unmöglich gewesen. Menschen, die buchstäblich denkend in Bewegung sind, können nicht einander Fragen stellen, ohne stehenzubleiben, also ihre Bewegung zu unterbrechen. Nach Aristoteles (384–322 v. Chr.) sind wir denn auch weder Wissende noch Unwissende; wir wissen immer nur etwas. Jeder Mensch strebt – so der simple Eingangssatz seiner *Metaphysik* – von Natur aus nach Wissen.[22] Wissen ist aber immer nur vorläufig. Indem wir, was wir zu wissen meinen, aussagen, sagen wir uns damit in unserer eigenen Begrenztheit aus. Wir stellen uns der Kritik und Korrektur anderer, wobei diese wiederum in Form von Aussagen getätigt wird, die diese nicht nur in ihrer Limitiertheit sichtbar werden lässt, sondern auch die Notwendigkeit weiterer Reflexion.

Aristoteles steht daher auch dem Streitgespräch als Mittel der philosophischen Untersuchung skeptisch gegenüber. Wie er in seinen *Sophistischen Widerlegungen*[23] sagt, sind die Sachen unendlich, während die Anzahl der Begriffe begrenzt ist. So kommt es, dass jedes Wort mehrdeutig ist. Was das Streitgespräch als philosophisches Format so fragwürdig macht, ist, dass man den jeweiligen Gesprächspartner nur soweit widerlegen wollen kann, wie man selbst in einer Sache bewandert ist. Niemand aber ist, so Aristoteles, in allen Wissenschaften gleichermaßen zuhause.

Er unterscheidet zwischen Streitgesprächen aufgrund von Worten und solchen aufgrund des Sinns. Erstere trachten danach, den Kontrahenten eines falschen Verständnisses von Begriffen zu überführen; stets geht es darum, das Gespräch auf den erst noch zu ermittelnden Sinn eines bestimmten Begriffs hinzulenken. Gespräche über den Sinn kommen aus der entgegengesetzten Richtung. Dieser muss nicht erst gefunden werden, sondern liegt, wenn auch ungenau, bereits vor, etwa in den Vollzügen unseres alltäglichen Sprachgebrauchs. Gespräche dieser Art beruhen auf dem unausgesprochenen Zugeständnis, dass Wort und Sache weder je ganz zur Deckung kommen noch vollkommen auseinanderfallen. Dies einmal zugestanden, verfügt niemand einem anderen gegenüber über einen prinzipiellen Wissensvorsprung.

Streitgespräche um der bloßen Auseinandersetzung willen haben für Aristoteles etwas grundsätzlich Unredliches. Indem man aufs Geratewohl, aus vorgetäuschter Lernbegierde fragt, macht man insgeheim Jagd auf Fehler des anderen. Man drängt ihn zu einem Standpunkt, nur um diesen angreifen zu können. An diesem Punkt empfiehlt es sich, so Aristoteles, den eigenen Antworten stets ein „Es scheint so“ mitzugeben. Besser noch sollte man die Fragen des anderen vorauszusehen versuchen, um im Vorhinein Bedenken gegen sie erheben und dem Fragenden rechtzeitig in den Weg treten zu können. Über solche taktischen Ratschläge hinaus plädiert er dafür, statt durch Fragenstellen Rechenschaft einzufordern, selber antwortend Rechenschaft zu geben. Hier kritisiert er namentlich Sokrates: Dieser habe immer nur gefragt, ohne selber zu antworten. Genau darum aber geht es.

Das Risiko einer Aussage

Eine Aussage drängt von innen nach außen. Als innerliche Wesen stoßen wir uns an der Äußerlichkeit unserer eigenen Aussagen: an der Diskrepanz zwischen dem, was wir sagen wollten, und dem, was wir zu sagen vermocht haben. Wir empfinden ein Ungenügen an dem von uns selbst Gesagten. Wir reflektieren, was wir laut gesagt haben, auf ein ungesagt Gebliebenes hin, das sich gleichsam auf dem Grund unserer selbst ansammelt. So ist es auch mit dem Denken. Wir denken auf das hin, was uns jeweils fehlt – wovon wir *wissen*, dass es uns fehlt. Wissen ist nur in der Weise unseres Strebens danach überhaupt ein solches. Nur so bleibt es auch mit Denken, dem Bewusstsein von der Unabschließbarkeit allen Wissens, verbunden. Andererseits kommen wir nicht darum herum, das Risiko einer Aussage einzugehen. Wir zeigen uns damit in unserer Diskrepanz zu uns selbst: in unserer Schwierigkeit zu sagen, was wir zu sagen haben.

Während derjenige, der eine Aussage tätigt, sich mit ihr zeigt, macht sich der Fragende unsichtbar. Weiter und weiter fragend, zwingt er dagegen den Befragten in die Sichtbarkeit. Damit hebt er die Gleichheit voreinander auf. Indem wir dem anderen antworten, zollen wir ihm dagegen Respekt.[24] Wir selber bedürfen dieses Respekts. Er schützt uns, wenn wir uns in unserem Sagen zeigen: wenn wir uns in unserer Scheu, uns zu zeigen, zeigen. Hätte Sokrates geschrieben, hätte auch er sich in seinem Denken zeigen müssen. Dann wären die, die mit ihm zu tun hatten, frei gewesen, den einen oder anderen Gedanken von ihm anzunehmen, ohne sein gesamtes Denken übernehmen zu müssen. Er selbst hätte weniger einen Mythos als ein Werk hinterlassen, das man weniger verehrt, als dass man sich daran abarbeitet.

Wenn wir einen Gedanken ausdrücken, wissen wir nicht schon, wie die Reaktionen darauf ausfallen. Wir werden möglicherweise noch nicht in der Lage sein, unseren Gedanken in seiner Neuheit gegenüber Nachfragen oder gar Hinterfragungen zu rechtfertigen. Neues ist per se angreifbar, schon deswegen, weil wir es in den Strukturen des Alten sagen müssen. Es ist, als ob die Sache, die wir auszudrücken versuchen, die Worte, derer wir uns dafür bedienen, von innen her sprengt. Die Beziehung von Wort und Sache, Innen und Außen gerät ins Rotieren. Als Denkende stecken wir in unseren Gedanken, derweil wir immer schon versuchen, uns mittels des Denkens aus unserem Verstricktsein zu befreien. Wir suchen in uns Abstand von uns zu gewinnen. So erst kommen wir in die Lage, anderen mitzuteilen, was uns in unserem Inneren umtreibt. Wir halten den inneren Prozess unseres Denkens an, verendlichen es zu einem nach außen hin kommunizierbaren Gedanken. Gleichwohl können wir in diesem Interruptus nicht verharren. Wir müssen immer wieder in die Innenperspektive zurückkehren. Sonst wäre der erste Gedanke, den wir je hatten, schon der letzte gewesen. Statt einen Gedanken endgültig zu „haben", spinnen wir ihn denkend weiter – und sei es, dass der Gedanke sich auflöst. Der Denkende kommt nicht umhin, sich an sein Denken zu verlieren, sich von seinem Denken verändern zu lassen. Noch bevor es jemand von außen tut, stellen wir uns selbst in Frage. Von daher brauchen wir auch niemanden, der uns von außen her, willentlich, zum Denken brächte.

Wir sind gehalten, die äußeren Veränderungen innerlich – denkend – vorwegzunehmen. So bringen wir uns durch Identifikation mit dem uns Bestimmenden immer neu ins Gleichgewicht. Wir ringen mit uns und der Welt, um zu uns und der Welt in ein Verhältnis zu finden, das uns die Welt und uns selbst aushalten lässt. Während wir uns denkend verändern, verändert sich unser Denken mit. Nur, wir merken es nicht. Wir merken lediglich, dass wir uns an einem Grenzpunkt befinden, wo wir wieder einmal das Gleichgewicht zu verlieren drohen. Unaufhörlich werden wir, so der Bochumer Phänomenologe Bernhard Waldenfels (geb. 1934), aufs Rätsel der Zeit gestoßen: Etwas vergeht nicht nur vor unseren Augen, sondern entzieht sich uns in unserem Inneren.[25] Wir werden von etwas bestimmt, worauf wir erst nachträglich eine Antwort finden. Wir stoßen immer schon an die Grenze unseres Verstehens, wenn wir, was sich hier und jetzt ereignet, zu verstehen suchen. Und doch zwingt uns das uns noch nicht Verständliche zu einer Antwort darauf, bestehe diese auch darin, dass wir uns in unserer Ratlosigkeit zeigen.

Rehabilitierung des Fragenden und der Frage

Mit jeder Veränderung tauschen Innen und Außen die Plätze. Wir bemerken dies an uns selbst, wenn wir uns, innerlich bedrängt, Luft zu machen suchen. Wir hören uns etwas wie von weither sagen, erschrecken uns: Was habe ich da gesagt? Was denken wohl jetzt die anderen? Nicht nur, dass wir, was wir sagen, ihrem Urteil preisgeben; wir setzen uns zuvorderst unseren eigenen Selbstzweifeln und -verurteilungen aus. Ebenso rühren wir aber auch, indem wir uns in unserer Unsicherheit zeigen, ans Innere der anderen, an deren eigenes Verwickeltsein in Selbstzweifel.

Nicht selten äußert sich unser Berührtsein als Abwehr. Es ist dabei oft weniger das, was jemand sagt, als das, was wir hinter dem Gesagten vermuten, das uns in Unruhe versetzt: sein Denken. In genau dieser Beunruhigung besteht, paradoxerweise, das Verbindende des Denkens. In der Wehrlosigkeit des anderen, mit der er sich als mit sich ringendes Wesen zum Ausdruck bringt, fühlen wir uns selber wehrlos. Das Verbindende des Denkens ist nicht zu trennen von dieser beiderseitigen Destabilisierung, in die alle Seiten, entgegen ihrem Selbsterhaltungsstreben, vom Denken gezogen werden.

Aron Ronald Bodenheimer gibt hierfür ein alltägliches Beispiel – das nicht zuletzt das Fragen und den Fragenden rehabilitiert. Wir sitzen in einer Gesellschaft still beieinander. Unvermittelt platzt jemand mit einer Frage heraus. Jeder spürt, dass derjenige so spontan wie ungeschützt, aus einer ihm selbst nicht verständlichen inneren Bewegtheit heraus, fragt. Als ob er sein inneres Bedrängtsein nicht mehr für sich behalten könne, seine Frage wie durch ihn hindurchginge. Er macht die anderen weniger zu Adressaten als zu Zeugen seines Fragens, zu Mitwissern eines nach außen verlegten Selbstgesprächs.

Nichts anderes ist Denken: sich selbst Fragen zu stellen, deren Beantwortung eine Distanz erzeugt, die der Denkende zu sich selbst herstellt. Fragen selbstreflexiver Art setzen niemanden unter Druck, es sei denn, die anderen werden in ihrer Mitwisserschaft an den Druck erinnert, unter dem sie ihrerseits stehen. Je rückhaltloser jener sich selbst befragt, desto wehrloser, ja, beschämter fühlen sie sich.

Woran spüren wir das mehr als bei Fragen von Kindern? Entwicklungspsychologisch ist das kindliche Fragen, in eins mit der Fähigkeit, „nein" zu sagen, an die Ichbildung des Kindes gebunden. Übers Fragen ruft das Kind die Grenzen der Erwachsenen herbei, damit diese ihm mit ihren Antworten in ihren Grenzen kenntlich werden. Die zugewandte Antwort des Erwachsenen ermöglicht dem Kind, das Terrain seiner Expansionen in Sicherheit abzustecken. Die kindliche Warum-Frage ist der aktive Anteil des Kindes an der Aufhebung der kindlichen Symbiose. Die Verantwortung dafür, ob dieser Prozess gelingt oder ob das Kind, im Gegenteil, seine Selbstwerdung jetzt und in Zukunft mit Schuld- und Schamgefühlen bezahlen muss, liegt ganz bei den Erwachsenen, in der Ehrlichkeit ihrer Antworten – gerade dann, wenn sie die Antwort nicht wissen. Umso schlimmer, wenn der Erwachsene aus Verlegenheit dem Kind nicht nur eine aufrichtige Antwort verwehrt, sondern den anstrengenden Fragen des Kindes zuvorkommt: indem er es seinerseits zur Rede stellt und es so in seinem natürlichen Fragedrang beschämt.

Gerechtigkeit für Sokrates

Von seinem Gespräch mit Theaitetos eilt Sokrates zum Athener Gerichtshof, um sich gegenüber der Anklage der Gottlosigkeit und Verführung der Jugend zu verantworten. Platons *Verteidigung des Sokrates*[26] führt uns einen Protagonisten vor, der von seinen Anklägern dazu gezwungen wird, antwortend aus seiner ironischen Deckung zu treten. Sokrates offenbart sich in seiner göttlichen Mission, indem er den ihn betreffenden Ausspruch der Pythia preisgibt und damit sein inneres Ringen mit dem ihm gewahrsagten Schicksal. Indem er sein Tun kontextualisiert, gibt er zugleich Innerstes preis: dass ihn stets eine innere Stimme leite, nie zu bestimmten Handlungen antreibend, sondern nur von manchen abhaltend. Er habe sein Wissen anderen gegenüber nie als Weisheit ausgelegt. Er habe nur, im Dienst des Gottes, die Eitelkeit menschlichen Wissens aufdecken wollen. Zum Beweis seiner Lauterkeit verweist er auf seine Armut. Nicht nur, dass er sich nicht anheischig macht, um die Rücknahme des über ihn verhängten Todesurteils zu betteln; er hätte es, im Gegenteil, verdient gefunden, zum Lohn seines altruistisches Tuns für den Rest seines Lebens kostenlos von der Stadt Athen gespeist zu werden.

Nach dem ergangenen Urteilsspruch erklärt Sokrates, dass es für ihn nichts Besseres und Schöneres gebe, als sich darum zu bemühen, ein guter Mensch zu sein und hierbei auch anderen zu helfen. Keine Spur von Ironie. Sokrates zeigt sich vor Gericht ganz und gar von seinem göttlichen Auftrag durchdrungen, mit dem dazugehörigen Selbstbewusstsein, sich von keiner Macht der Welt irremachen zu lassen, auch nicht von der Drohung mit dem Tod. Schließlich sei niemand je dem Schicksal der Sterblichkeit entgangen. Und der Tod, so Sokrates, könne auch nichts Schlechtes sein. Entweder nämlich sei er ein ewiger Schlaf oder ein Umzug der Seele zu einem neuen Aufenthaltsort, einem Jenseits, wo er zum Hohn derer, die jetzt über ihn zu Gericht säßen, seine wahren Richter antreffe – solche, die sich in ihrem Leben ebenfalls als Gerechte erwiesen hätten.

1921 veröffentlichte der französische Schriftsteller Paul Valéry (1871–1945) mit *Eupalinos oder Der Architekt* ein Totengespräch zwischen Sokrates und seinem Weggenossen Phaidros. Valéry zeigt Sokrates als jemanden, der in Gegenwart eines Freundes sich selbst zu befragen beginnt.[27] Er hinterfragt sich als Produkt seiner realisierten wie vertanen Optionen. So wurde er zu dem Philosophen, als der er gestorben ist, indem er nicht der Künstler wurde, der er hätte werden können. Aus der Perspektive des Nichtverwirklichten klagt er sich an, sein Leben lang einer Wahrheit und Aufrichtigkeit nachgejagt zu haben, derweil der Künstler in ihm verkümmerte. Statt stolz auf sein heroisches Leben zu sein, schwört er im Nachhinein der Nutzlosigkeit ab, mit der er fragend und redend sein Leben verbrachte. Er entwirft sich selbst als Anti-Sokrates – als Architekten. Gibt es ein besseres Mittel, aus dem Logozentrismus herauszutreten, als sich ans Bauen zu machen, einer Sache zu dienen, deren Sinn nichts anderes ist, als für die anderen, jenseits aller Wortklauberei und Rechthaberei, nutz-, ja, bewohnbar zu sein?

Responsive Differenz

In seinem umfangreichen *Antwortregister* zeigt Bernhard Waldenfels, wie der Fragende stets im Hinblick auf die „Erfüllung" seiner Frage durch eine Antwort fragt.[28] Der Gefragte ist von Anfang an zum Erfüllungsgehilfen des sich in der Frage kundtuenden Wunsches bestimmt. Eben diesen Befehlscharakter überspielt die fragende Unschuldsmiene, wenn sie dem Antwortenden alle zu leistende Arbeit der eigenen Wunscherfüllung aufbürdet. An diesem Punkt setzt die Verantwortung des Fragenden an, sich über seine eigenen Bedürfnisse und Ziele Klarheit zu verschaffen. Im selben Augenblick wird das strukturelle Gefälle des Frage-Antwort-Geschehens deutlich: Mit dem philosophischen Vorrang des Fragens ist es dann jäh vorbei.

Waldenfels schlägt vor, Frage und Antwort als paarweise auftretenden Sprechakt aufzufassen, in dem die Antwort nie voll in der zu beantwortenden Frage aufgeht, sondern sich schlicht als ein Tun erweist, das auf ein anderes Tun trifft. Indem wir Fragen und Antworten – jenseits von Forderungen einerseits und Erfüllungen andererseits – als autonome Handlungen begreifen, erschließt sich uns ein Spielraum, in dem wir uns zunehmend von der Asymmetrie der Frage-Antwort-Situation emanzipieren. Waldenfels spricht diesbezüglich von einer „responsiven Differenz", einem Spalt, der sich zwischen unseren Antworten und den in Form von Fragen an uns gestellten Forderungen auftut. Mehr und mehr würde sich uns der Spalt zu einem solchen Spielraum weiten. Wir gewönnen Zeit und damit uns selbst als frei Handelnde.

Den Spielraum nutzend, sind wir zugleich beim anderen und bei uns selbst. Weder geht unsere Antwort vollständig in der zu beantwortenden Frage auf, noch ist uns der uns Fragende gleichgültig. Wir beide, im paarweisen Sprechakt verbunden, benötigen so sehr unseren Spielraum, wie wir ihn unsererseits schaffen, indem wir nicht nur zum anderen, sondern auch zu uns selbst einen Abstand herstellen.

Was es heißt, eine Philosophie des Antwortens zu entwerfen, die versäumt, der responsiven Differenz Rechnung zu tragen, zeigt *Das Prinzip des Antwortens* des deutsch-britischen Philosophen Fritz Heinemann (1889–1970). Heinemann begreift unsere Antwortfähigkeit, in Anlehnung ans englische *response*, allgemein als Ausdruck unserer Reaktivität und Resonanzfähigkeit in Bezug auf die äußere Wirklichkeit.[29] Im Unterschied zum Tier, das artspezifisch auf Umweltreize reagiert, sei der Mensch in der Lage, auch auf nicht unmittelbar Anwesendes, auf abstrakte Zeichen oder rein imaginär Gegebenes, zu reagieren. Dazu gehört, dass er noch seine eigenen Reaktionsweisen zu überdenken und somit zu verändern vermag. Schier alles, was wir tun und wozu wir fähig sind, interpretiert Heinemann als Antworten, die wir geben: mit unserem Gedächtnis aufs Vergangene, mit unserer Einbildungskraft auf die Zukunft, mit unserem Verstand auf Begriffe, mit der Vernunft auf Transzendentes. Auf diese Art pfropft Heinemann dem Reiz-Reaktions-Schema, in dem wir mit allen Lebewesen stehen, ein humanes Frage-Antwort-Schema auf, dergestalt, dass der Mensch einen ihn treffenden Reiz bereits als Herausforderung einer Frage erlebt, die an ihn gestellt wird, auf die er eine Antwort zu geben habe. Was den Menschen zum Menschen macht, ist demnach seine Fähigkeit zur Resonanz als Modus seines grundsätzlichen In-Verantwortung-Stehens.

Unsere Antwortfähigkeit, als solche Resonanzfähigkeit genommen, ist indes, zu Ende gedacht, bloße Botmäßigkeit gegenüber einer immer schon an uns ergangenen Frage, sozusagen vorauseilender Gehorsam darin, es überhaupt nicht erst zu einer Differenz von Frage und Antwort kommen zu lassen. Das heroische In-Verantwortung-Stehen ist zugleich die aufwühlendste und lähmendste Form einer eingeebneten responsiven Differenz. Unsere Fähigkeit zu antworten ist hier nicht mehr zu unterscheiden von unserem Herausgefordertsein, wenn nicht Überfordertsein durch Ansprüche des Außen. Der Zugzwang, in den uns eine alltägliche Frage versetzt, gibt bereits einen Vorgeschmack darauf. Eine solche Philosophie des Antwortens ist keine des Antworten-Könnens, sondern immer nur des Antworten-Müssens. Nicht nur, dass unsere Antworten bar aller Freiheit sind; sie willigen jedesmal neu in ihre eigene – unsere – Unfreiheit ein.

Kein Wunder, dass bei Heinemann am Ende denn alles wieder auf Sokrates und den Vorrang der Frage zuläuft. So, wenn Heinemann Sokrates darin preist, das Fragen nicht nur zur Methode formalisiert, sondern zu einer „Kunst" entwickelt zu haben, aus der heraus eine Unzahl neuer Fragen entstünden. Solcherart „schöpferische" Fragen seien letztlich wesentlicher als alle Antworten, haben diese doch einen strukturell festlegenden, begrenzenden, ein das Weiterfragen unterbrechenden Effekt. Womit Heinemann mal eben seine gesamte Philosophie des Antwortens durchgestrichen hätte. Und dies aufgrund eines einfachen Denkfehlers: indem er nämlich meint, dass es beim Antworten immer nur um Ja oder Nein geht. Eben dies aber geben, worauf Georg Wilhelm Friedrich Hegel (1770–1831) in seinen *Vorlesungen zur Geschichte der Philosophie* hinweist, bereits die platonischen Dialoge so vor. Indem Sokrates immer nur auf ein Ja oder Nein hin zugespitzt fragt, lässt er es zu keiner Zeit zu einem Gespräch Gleichberechtigter kommen.[30]

Emblematisches Philosophieren und freies Denken

Freie Menschen antworten nicht einfach und sofort mit Ja oder Nein, sondern – zeitversetzt, nach eigenem Überlegen – mit einem „Ja, aber…“ beziehungsweise „Nein, aber…“. Erst im „aber“, sagt Aron Ronald Bodenheimer, nimmt die eigene Freiheit Wirklichkeit an. Etwas Drittes tritt in die Welt, das wir ihr mittels unseres freien Nachdenkens hinzufügen. Es ist, als Frucht unseres Nachdenkens, zugleich Resultat einer Verzögerung, mit der wir, so Bernhard Waldenfels, einen Aufschub bewirken, der den jeweiligen Reiz-Reaktions-Kreis sprengt und so erst unerwartbar Neues möglich macht.

Wir beginnen, aus uns und unserem situativen Gefangensein herauszutreten, während wir uns, bloß „Ja“ oder „Nein“ sagend, sei es der Zufriedenheit, sei es dem Ärger der anderen überantworten. Wir überwinden unsere angst- wie zorngeleitete Starrheit und nehmen den anderen dabei mit durch den Ausweg aus dem Innen-Außen-Drama, in dem wir uns beide, nur auf verschiedenen Seiten, befinden. Wir werden uns als Koakteure dieses gemeinsamen Dramas inne. Eben dies Verbindende hintertreibt der gewollt naiv Fragende. Kraft seiner Verstellung ist er dem anderen immer einen Schritt voraus. Entsprechend fällt der zur Antwort Gedrängte immer neu in sich zurück, ins schier Bodenlose: Der Fragende lädt das Drama, an dem er ja selber teilhat, ganz und gar dem Befragten auf.

Unter dem Gesichtspunkt eines sich ständig vollziehenden Seitenwechsels von Innen und Außen ist eine Privilegierung der Frage gegenüber der Antwort nicht mehr haltbar. Indem Philosophie am Vorrang des Fragens festhält, imponiert sie mit sich selbst, kraft unterstellter Überlegenheit. Philosophie wird zum Emblem ihrer selbst – und Sokrates zu ihrer Ikone. Für Hegel war er seit jeher Schutzheiliger der Popularphilosophie.[31] In dem Maße, wie diese aus dem tragischen Tod des Sokrates ihren eigenen, aufdringlichen Glanz bezieht, verrät sie den, den sie zu bewundern vorgibt. Hegel verteidigt Sokrates gegen seine Verherrlicher, wenn er sagt, dass es dessen Tragik gar nicht bedurft hätte, um seinem Leben und Wirken eine herausgehobene Bedeutung für die Geschichte der Philosophie zu geben. Ebensogut hätte Sokrates als Privatphilosoph in Ruhe leben und sterben können. Seine Lehre hätte von seinen Schülern ebenso ruhig aufgenommen und weiterverbreitet werden können.

Philosophie, emblematisch eingesetzt, wehrt freies Denken geradezu ab. Sich mit vermeintlich philosophischen Fragen zu befassen, ist das reine Gegenteil davon, selbstständig und für sich selber folgenreich zu denken. Zu glauben, dass, wer denkt, sich notwendigerweise mit den sogenannten großen Fragen beschäftigt – Was ist Wahrheit? Was ist Gerechtigkeit? Was ist der Sinn des Lebens? Existiert Gott? Gibt es einen freien Willen? usw. –, heißt, die womöglich ganz anderen, kleineren, spezifischeren Fragen, die uns umtreiben, zu überhören.

Denken enthüllt uns eine grundsätzliche Verspätung, in der wir uns unserem zu lebenden Leben gegenüber befinden. Mag alles auch schon gedacht und gesagt sein, so doch noch nicht von uns und auf unsere Weise. Dessen eingedenk, dass wir uns einerseits nicht selber geschaffen haben, andererseits frei sind, aus uns etwas zu machen (oder es zu lassen), bekommen wir überhaupt erst ein Gefühl für den Aufgabencharakter unseres Daseins. Indem wir denkend Klarheit darüber zu gewinnen suchen, was uns von jeher in unserem Innern bewegt wie von außen bestimmt, gewinnen wir Zeit – unsere eigene. Wir schaffen uns die Zeit, unsere selbstgesetzten Aufgaben zu erfüllen, mit. Als denkend Antwortende sagen wir nie nur Ja oder Nein. Wir fügen immer ein „aber" hinzu: uns.

Aufklärung, in historischem Verständnis, sah das Individuum befähigt, die Dinge, die es betreffen, mit eigenem Verstand zu durchdringen. Heute dient sie als eine Art moralisches Gütesiegel, das sich der Aufklärer selber anheftet – womit er sich von seinen Adressaten abhebt. Der so geschaffene Abstand ist ein äußerliches Zeichen der ihn selbst bestimmenden Diskrepanz von Denken und Sprechen, Sprechen und Handeln. Aufklärung, als fremderzieherischer Akt, erweist sich als Ersatzhandlung gegenüber einer ausgebliebenen Selbsterkenntnis.

Die Unsitte, öffentlich zum Umdenken aufzurufen

Seit je ist der Mensch dem Menschen ein Erzieher. Wir begleiten einander im lebenslangen Lernen. Was aber, wenn die Begleitung – von Minderjährigen und Schutzbefohlenen einmal abgesehen – nicht wechselseitig ist, wenn die, die uns aufklären wollen, sich überhaupt nicht für uns interessieren? Wenn sie uns mit Weisungen und Mahnungen behelligen, um die wir sie gar nicht gebeten haben? Nicht nur, dass sie damit unsere Intelligenz und Gutgewilltheit beleidigen; sie verletzen vor allem unsere Gleichheit voreinander. In dem Maße nämlich, wie sie ungefragt auf uns einreden, schaffen sie zuallererst einen Abstand zu uns, der sich in dem Maße ihrer fortgesetzten Belehrungen nur vergrößert.

Die Kluft zwischen Aufklärer und Aufzuklärendem

Es ist dieses Gefälle zwischen Aufklärer und Aufzuklärenden, das Kränkungen zeitigt und damit das Vorhaben von Aufklärung insgesamt kontaminiert. Um der Diskrepanz Herr zu werden, die der Aufklärer strukturell zwischen sich und seinen Adressaten schafft, einfach darüber, dass er seine Stimme ihnen gegenüber erhebt, müsste jener den von ihm Angesprochenen sogleich Zeit und Platz einräumen, ihm wiederum zu antworten. Der anfänglich Sendende würde zum nachherigen Empfänger, zu jemandem, der sich seinerseits aufklären lässt. Ohne diesen Rollentausch stellt Aufklärung einen zwar wohlmeinenden, bei allem jedoch scheinheiligen Paternalismus dar.

„Aufklärung" bezeichnet zunächst eine Epoche von ungefähr 180 Jahren. Sie hebt an mit Galileo Galileis (1564–1641) Fernblick ins All, der ihm die Unwahrheit des geozentrischen Weltbilds augenfällig macht, was Kopernikus (1473–1543) rund hundert Jahre zuvor mathematisch bewiesen hatte. Wenig später nur wird René Descartes (1596–1650), in komplementärer Innenschau, gerade in der Bezweifelbarkeit von allem, am Zweifel selber, die einzig verbleibende Grundfeste menschlicher Existenz erkennen. Das aufklärerische Zeitalter endet, mehr als ein Jahrhundert später, nach der US-amerikanischen Unabhängigkeitserklärung sowie der Französischen Revolution, 1793, mit der Enthauptung Ludwig XVI., König von Frankreich von Gottes Gnaden, ohne dass diesem Sakrileg ein entsprechendes Gottesgericht gefolgt wäre.

Seitdem wird der Begriff der Aufklärung im Sinne eines an uns selber gerichteten moralischen Gebots gebraucht, sich keiner von uns nicht rational nachvollziehbaren Offenbarung zu beugen; mit Immanuel Kant (1724–1804) zu sprechen: den Mut aufzubringen, mit dem eigenen Kopf, ohne Anleitung anderer, zu denken.[32] Dazu gehört auch, dass wir, sobald wir einsehen, dass die Kompetenz von jemandem womöglich weiterreicht als unsere eigene, ihm oder ihr aus eigenen Stücken den Vortritt lassen – aber eben nicht allgemein und prinzipiell.

Kant veröffentlichte seine *Beantwortung der Frage: Was ist Aufklärung?* fünf Jahre vor der Französischen Revolution und neun vor der Guillotinierung der französischen Königsfamilie. Er unterscheidet zwischen öffentlichem und privatem Gebrauch der Vernunft. Danach sollten wir uns als Gelehrte vor einem Lesepublikum freisinnig äußern dürfen, während wir, als Untertanen der jeweiligen Obrigkeit, weiterhin dieser Gehorsam schulden. Dass er und seine Zeitgenossen bereits in aufgeklärten Zeiten leben würden, verneint Kant; wohl aber in einem Zeitalter der Aufklärung, konkret: während der Regentschaft Friedrich II., Königs von Preußen, der gut anderthalb Jahre nach der Veröffentlichung von Kants Schrift sterben wird. Es ist Friedrichs Politik religiöser Toleranz, die diesen König als aufgeklärt ausweist – und ihn, nach Kant, höchster Preisung wert macht.

Es ist Kants geradezu ins Devote gehende Prinzipientreue, die ihm auf der anderen Seite den Spielraum gibt, die Dialektik des Aufklärungsgedankens zu durchdenken. So schwer es auch für jeden Einzelnen sei, sich aus seiner untertanenhaften Unmündigkeit herauszuarbeiten – die ihm nämlich eine gewisse Faul- und Feigheit zur zweiten Natur hat werden lassen –, so wenig ist auf Dauer unser aller Selbstemanzipierung zu verhindern, lässt man uns nur das Recht dazu. Zunächst werden es nur wenige sein, die sich innerlich von ihrem Joch zu befreien vermögen. Es braucht ein einigermaßen intaktes Selbstbild, sich zu eigener geistiger und moralischer Unabhängigkeit fähig zu fühlen, während umgekehrt ihr fehlendes Selbstbewusstsein Menschen dahin bringt, weiter in Unfreiheit leben zu wollen. Was zu dem Paradox führt, dass sie just die verachten, von denen sie als freie Menschen angesprochen werden. Es ist dieses psychologische Dilemma, welches Aufklärung, wie Kant hellsichtig notiert, zu einem so langwierigen, frustrierenden Geschäft macht.

Allein, noch Kants Einlassung hat teil an dem Dilemma: schon darüber, dass er *auf* die vermeintlich selbstverschuldete Unmündigkeit der Menschen blickt. Von welcher Höhe aus tut er dies? Wie kommt er dazu, anderen die Schuld solcher Unmündigkeit aufzuladen, von der er sich selber auszunehmen scheint? So jedenfalls lautet der Einwand seines Widersachers – und lebenslangen Freundes – Johann Georg Hamann (1730–1788).[33] Ihm zufolge spielt sich Kant als derjenige Vormund auf, von dem sich abhängig zu machen er den Leuten gerade vorwirft.

Hamann beginnt, den Aufklärungsgedanken auf den Aufklärer anzuwenden: In dem Maße, wie Aufklärung als Ausgang der Menschen aus selbstverschuldeter Unmündigkeit genommen werden will, hat sich der Aufklärer von seiner angemaßten Vormundschaft freizumachen. Hierin, Unmündigkeit und Vormundschaft als voneinander abhängig zu begreifen, liegt nach Hamann die eigentliche politische Aufgabe. Daran, die Abstände zwischen Aktion (die Stimme erheben) und Selbstreflexion (die eigene Erhöhung überdenken) immer kürzer werden zu lassen, bemisst sich der Lernprozess, den wiederum der Aufklärer zu durchlaufen hätte.

Lernen und Zeit

Lernen ist ein die ganze Person in Anspruch nehmender, stresshafter Vorgang. Für ihn brauchen und verbrauchen wir Zeit. Wir brauchen einerseits Zeit, um etwas zu erlernen. Dies merken wir – paradoxerweise – daran, dass wir, während wir lernen, unser Gefühl für Zeit gerade verlieren: Je intensiver wir lernen, desto mehr sind wir „durcheinander". Wir verbrauchen auf der anderen Seite Zeit in dem Sinne, dass wir, ganz der zu erlernenden Sache hingegeben, uns an sie erschöpfen. Wir sind – wiederum paradox – umso mehr bei uns, wie wir uns gerade an etwas, das wir nicht schon selber sind, vergessen: Der Weg zu uns ist nichts als der Umweg über die jeweils zu erlernende Sache. Von daher kommt es auch, dass wir nicht einmal nachträglich über die Zeitspanne, in der wir etwas gelernt haben, genauere Auskunft geben können. Es ist, als ob wir durch einen Flaschenhals gegangen wären, an dessen Ende wir nicht nur draußen in der Welt Neues entdeckt hätten, sondern uns selber neu sortiert vorfinden. Aber auch diese Veränderung können wir nicht eigentlich benennen; wir sind ja bei alledem dieselben geblieben: Mit dem Moment, da wir gelernt hätten, haben wir schon vergessen, dass wir gelernt haben.

Der Schweizer Lern- und Entwicklungspsychologe Jean Piaget (1896–1980) beschreibt einen jeden Lernprozess als dreischrittig. Zunächst findet sich der Lernende von dem zu erlernenden Sachverhalt getrennt vor; um Kenntnisse von etwas zu erwerben, muss er sich zuallererst auf dieses Etwas zubewegen. Er muss sich ihm akkommodieren, ähnlich dem Auge, wenn es sich dem, was es in den Blick nimmt, in seiner Brennschärfe anpasst. Sobald sich der Lernende derart aufs zu lernende Äußere einlässt, gerät sein Inneres aus der Balance – in eine, laut Piaget, freiwillig auf sich genommene „Selbstdezentrierung".[34] Wir erleben diese zunächst als Zweifel an uns und unserer Lernfähigkeit, dann als eine Art Durchbeißen durch einen fremden Stoff; schließlich, in Form erster Durchblicke, als ein Wiedererlangen von Vertrauen in uns selber. Auch hier verlässt uns unser Zeitgefühl. Wir erlangen es erst zurück, wenn sich in uns Strukturen herausgebildet haben werden, in denen Inneres und Äußeres zu einem Dritten, Neuen, zusammenfinden: wo wir Anknüpfungspunkte des äußerlich Angeeigneten an unsere mitgebrachten Fähigkeiten und Bedürfnisse gefunden haben, worüber sich dieselben Fähigkeiten und Bedürfnisse zu modifizieren beginnen – kurz, wo ein uns anfangs fremder

Sachverhalt Teil unserer selbst wird, wir ihn uns, so Piaget, assimiliert hätten.[35]

Inwieweit nun haben diejenigen, die uns von außen her zum Umdenken aufrufen, ihrerseits einen solchen Prozess durchlaufen? Wie war es, als sie in ihrem Inneren für Momente aus dem Gleichgewicht kamen? Vor allem: Sind sie bereit, sich auch zukünftig freiwillig inneren Dezentrierungen auszusetzen? Wenn ja, woher nehmen sie dann die Sicherheit und Kraft, öffentlich zu moralisieren?

Auf andere Weise dreistufig beschreibt der angloamerikanische Kybernetiker und Anthropologe Gregory Bateson (1904–1980) den Vorgang des Lernens.[36] Auf der ersten Stufe lernen wir Lernen als Korrektur von Irrtümern kennen: Wir werden durch negative Feedbacks zum Aufsuchen alternativer Wege genötigt, bis dass wir endlich positive Rückmeldung – Bestätigung, Lob – erfahren. Die zweite Stufe nehmen wir, sobald wir zu lernen gelernt, das heißt die Überwindung von Frustrationserfahrungen als fürs Lernen unumgänglich verinnerlicht haben. So gleiten wir allmählich auf die dritte Stufe: Wir lernen, aus uns selbst heraus, intrinsisch, zu lernen. Lernen wird uns zu unserer zweiten Natur, worüber wir in freiwilligen Selbstüberwindungen uns selbst an die Hand nehmen.

Jede und jeder Lernende geht dabei von einer Basis aus, die Bateson „Lernen null“ nennt. Hiermit sind all unsere von früh an eingeübten Reaktionsweisen und Verhaltensmuster gemeint, die uns lebenslang begleiten und bestimmen – worauf wir uns denn auch versteifen, wenn wir partout nicht lernen wollen. Auf der anderen, gegenüberliegenden Seite mündet unsere Fähigkeit, selbstbestimmt zu lernen, in eine vierte Stufe aus. Diese weist über uns selbst hinaus: Wir erfahren uns als Teil eines umfänglicheren Lernvorgangs, den unsere Gattung über die Generationen hinweg durchläuft.

Wir können diesen Level, so Bateson, nicht von uns her, per eigenem Willen, erreichen. Eher sind wir, wenn wir lernen, bereits von einem kollektiven Lernprozess hintergründig bestimmt. Wir bauen unwillkürlich auf den Lernergebnissen voriger Generationen auf; dies jedoch nicht auf explizit lernende, sondern auf evolutionäre Weise – eben von „Stufe null" her, von unseren jeweils vorgefundenen Anfangsbedingungen ausgehend. Dazu gehört, dass allen vor uns erzielten Lernfortschritten zum Trotz Rückschritte möglich sind. Bedingung von Lernen ist ja, dass ein Fortschritt gerade nicht garantiert ist, sondern wir immer neu in unserer Fähigkeit zur Selbstkonditionierung herausgefordert sind.

(Selbst-)Verspätungen

Es ist stets der Einzelne, der lernt. Dabei begibt er sich in bereits laufende kollektive Lernverläufe. Jede individuelle Existenz stellt dabei eine Anpassung an Bedingungen dar, die sie bereits vorfindet, sowohl was die äußere Wirklichkeit angeht als auch was das jeweilige Individuum an Voraussetzungen mitbringt. Das heißt, wir verspäten uns gleichermaßen in Bezug auf die erscheinende Welt wie uns selbst gegenüber. Letzteres haben nicht zuletzt die Experimente des US-amerikanischen Psychologen Benjamin Libet (1916–2007) erwiesen.[37] Danach ist, ehe wir uns zu etwas entscheiden, die Entscheidung rund eine halbe Sekunde zuvor in unserem Gehirn getroffen worden. Erst etwa 350 Millisekunden später wird uns unsere Handlungsabsicht überhaupt bewusst. Es bleiben uns also um die 150 Millisekunden, zu entscheiden, ob wir die beabsichtigte Handlung ausführen wollen oder nicht. In nichts als dieser Verzögerung steckt, so Libet, die Freiheit unseres Willens. So wenig wir unsere eigenen Willensprozesse bewusst einleiten, so sehr vermögen wir, phasenverschoben, sie zu steuern: zu bestimmen, ob wir, was wir tun wollen, auch tun werden.

Sicher, das Gehirn, das für das Selbst entscheidet, bevor es selber darum weiß, gehört noch zu diesem Selbst. Aber eben nicht *im Sinne* dieses Selbst. Erst indem wir uns unserer Verspätung uns selbst gegenüber bewusst werden, nehmen wir unser Selbst in die eigene Regie. Was uns, woher auch immer, determiniert, geht von nun an durch eine innere Schleuse, mit der wir den Verlauf unseres Bestimmtwerdens regulieren. Unsere Freiheit ist insofern unverlierbar, als wir uns selber den Auftrag erteilen, in den je erfahrenen Bedrängungen unseren Spielraum zu ermitteln.

Es ist unser Denken, das dies tut. Jede und jeder denkt bereits; wir denken, wie wir atmen. Sobald wir bewusstermaßen denken, überdenken wir lediglich, was wir gerade gedacht haben. Denkend auf bereits Gedachtes zurückgehend, es überdenkend, denken wir *weiter:* Der Schritt zurück bereitet bereits einen nach vorne vor, ohne dass wir schon wüssten, wohin er uns führen wird.

So sehr wir uns also von Anfang an verspäten, so sehr sind wir uns immer schon voraus. Wir machen Dinge, spontan und intuitiv, deren Sinn sich uns erst nachträglich erschließt. Aus Gründen, die uns nicht schon klar waren, haben wir uns nicht beirren lassen; kein äußerer Widerstand, kein noch so gutgemeinter Ratschlag hat uns in unserem Eigensinn aufhalten können. Dieser stellt in eins unser Prekärstes und Bestes dar. Er ist uns gefährlich, wenn es uns zu früh auf etwas losstürmen lässt, das uns im Maße unserer Verfrühung überfordert. Eigenwillig zu sein, ist aber auch gut und gesund, da es uns noch in unserem Scheitern bei uns selbst sein lässt: Wir sehen uns gezwungen, unseren Spielraum auf ein Neues mit unserem Überdeterminiertsein abzugleichen.

Ohne dass wir die Wirklichkeit und mit ihr uns selber schon kennen würden, hält uns unser Denken in Verbindung sowohl mit der äußeren Welt als auch mit unserem eigenen Inneren. Unser Denken verflicht jene mit diesem. Dabei reflektieren wir auf ein „Hinter“ von allem: darauf, woraus die Erscheinungen erscheinen, ohne dass das Woraus selbst erscheinen würde, wie auch auf die jederzeit und überall, innen wie außen, erlebbare Differenz von Innen und Außen.

Von ihr rührt all unsere Überraschbarkeit, aber auch unsere Vorvertrautheit mit der Veränderlichkeit von allem – des bleibenden Spalts zwischen den Erwartungen und Befürchtungen, die wir an die Welt herantragen, und unseren Erfahrungen mit ihr. Es ist diese Kluft, aus der sich unser Gefühl für das Vergehen von Zeit herausbildet. Dazu gehört, dass wir um eben unserer Erwartungen und Befürchtungen willen, die wir nur geringfügig modifizieren können, sogleich gegen dieses Gefühl andenken. Und dies in zwei Richtungen: Nach vorne hin stehen wir unter dem Zeitdruck, der Veränderung, die wir gerade wahrnehmen, augenblicklich gerecht zu werden, das heißt unsere – positiven wie negativen – Vorannahmen bezüglich der äußeren Wirklichkeit im Licht des hier und jetzt Erfahrenen zu korrigieren. Damit dreht sich schon unsere Perspektive. Während wir prospektiv mit Zeitnot ringen, beginnt sich unser ganzes bisheriges Leben retrospektiv umzuschreiben.

Die Kraft zu dieser Umschrift entnehmen wir dem uns vorvertrauten Gefühl eines bei allen Veränderungen Gleichbleibenden. Während jede Veränderung mit einem Schmerz einhergeht, so gering auch immer, passen wir die soeben erfahrene Veränderung diesem uns lebenslang begleitenden Lebensgefühl an. Der empfundene Schmerz stellt hierbei die Einlassstelle bereit, wo wir zur Korrektur unserer mitgebrachten Erwartungen und Befürchtungen im Lichte des Veränderten ansetzen können.

Die Masken der Gegenwart

Zum Schluss seiner mit einem bloßen *Er* überschriebenen *Aufzeichnungen aus dem Jahre 1920* stellt Franz Kafka (1883–1924) jemanden vor, der gleichzeitig mit zwei Gegnern kämpft. Während der eine ihn von hinten her bedrängt, stellt sich ihm der zweite von vorne in den Weg. In seiner Härte und Ausweglosigkeit fasst Kafkas Protagonist diesen Kampf gleichwohl als etwas nur Theoretisches auf. Konkret würde die Situation des Kämpfenden merkwürdigerweise erst, wenn er davon zu träumen begänne, sich dieser Bedrängnis zu entwinden. Er würde aus der Kampflinie selbst herausspringen: Statt gegen die beiden Gegner zu kämpfen, würde er von einer höheren Warte aus den Kampf als einen solchen in den Blick nehmen.[38]

In ihrem nachgelassenen Werk *Vom Leben des Geistes* nimmt Hannah Arendt (1906–1975) diesen Text als ein Gleichnis für das Zeitgefühl des Denkenden.[39] Wenn wir denken, werden wir in übermächtiger Undeutlichkeit von Abwesendem in Anspruch genommen. Während sich, in der Logik von Kafkas Text, der Denkende zwischen die drückenden Mächte der Vergangenheit und einer andrängenden Zukunft gepresst sieht, entgeht ihm hier und jetzt das Hier und Jetzt. Dies aber ist das einzig Konkrete. So sehr wir nämlich in unseren Gedanken einerseits einem Vergangenen nachhängen, andererseits einem Erhofften beziehungsweise Befürchteten entgegenbangen, verpassen wir uns in unserer eigenen Gegenwärtigkeit. Um ihrer, das heißt unserer selbst gewahr zu werden, müssen wir uns zuallererst einen Spielraum zwischen unseren rückwärtsgewandten Erinnerungen und den daraus resultierenden Erwartungen an die Zukunft verschaffen. Auf nichts als diesen Spielraum hin „träumt" Kafkas Held.

Jeder Mensch träumt, wenn er denkt, diesen Traum. Wir sinnieren auf einen Ausweg hin, worüber wir aus der uns blind bestimmenden Differenz von Innen (Erinnertem) und Außen (Erwartetem) herausfänden. So wie *„er“* imaginiert, das Spannungsfeld zwischen Vergangenheit und Zukunft zu verlassen, um sich in eine Äquidistanz zu beidem zu bringen, die ihm zunehmend Spielraum finden lässt, kann es uns niemand abnehmen, unser Urteil über Vergangenheit und Zukunft zu fällen. Über sie urteilend, lernen wir, Vergangenheit und Zukunft als Larven einer noch unbedachten Gegenwart zu sehen, als Masken, in denen sich die Gegenwart vor sich selber verbirgt. Von der extramundanen Position unseres träumerischen Denkens aus fröre der Antagonismus von Vergangenem und Kommendem zum Bild eines sich in fremden Rollen inszenierenden Heute ein, deren Mitspieler wir selbst sind. Wir sähen, wie wir, in Wiederholungszwängen gefangen, von fixen Ideen gebannt, auf eine Weise entscheiden und handeln, wie es unsere von Erinnertem bestimmten Erwartungen vorgeben, ohne dass wir deren Vorgaben eigens in die Hand bekämen.

Um diesen Automatismus (Batesons „Lernen null“) zu brechen, müssten wir aus der Geschlossenheit unserer Vorstellungswelt heraus, das heißt unsere Deutungen des von uns Wahrgenommenen für einen Moment anhalten. Unsere uns vertrauten Reflexe würden sich augenblicklich verlangsamen. Es öffnete sich ein Spalt zwischen uns und den uns vertrauten Reaktionsweisen, die wir nun wie von außen sähen. Unversehens änderte sich auch unser Erleben von Zeit. In einen Abstand zu uns selbst gekommen, unterbrächen wir den Fluss, den wir der äußeren Wirklichkeit angesonnen haben. Wir begännen, die Richtung unseres Lebens mitsamt den damit verbundenen, uns lieb gewordenen Narrativen umzulenken. Wir zögen gleichsam eine Schlaufe in uns selbst, worüber wir, wie durch ein Nadelöhr, Frühes und Spätes unserer Biografie neu verfädelten. Indem wir neu auf unser Leben zu blicken anfingen, verschafften wir uns zugleich die nötige Zeit, unser Leben in die Hand zu nehmen, begleitet von einem Gefühl der Selbstverjüngung.

Der Übergangs-Raum

In ihrer Interpretation von Kafkas Text fasst Hannah Arendt die Gegenwart als einen Treff-Punkt auf, an dem Vergangenheit und Zukunft, aus einander entgegengesetzten Unendlichkeiten herkommend, zusammenstoßen. Zur Gegenwart erwacht, macht sich unser Denken daran, die Ambivalenz dieses Zusammenstoßes zu entfalten. Wir machen uns selbst zum Treffpunkt von Vergangenheit und Zukunft, indem wir uns – um mit Maurice Blondel zu sprechen – aller Optionen bis auf einer entschlagen und den einen nächsten Schritt gehen, den nur wir tun können.[40] Wir machen uns damit – nach Hannah Arendt – der Diagonalkraft gleich, die sich aus dem Kräfteparallelogramm von Vergangenheit und Zukunft als einander gegenläufigen Unendlichkeiten ergibt. Dieser Kraft folgend, öffnen wir uns einem sich außerhalb von uns Öffnenden. Aufgrund dieser doppelseitigen Öffnung können wir kaum mehr zwischen Innen und Außen unterscheiden. Beide scheinen vielmehr schon die Seiten gewechselt zu haben.

Unser eigenes Denken zieht uns mehr und mehr in deren Seitenwechsel hinein. Was aussieht, als ob wir uns in unserem Denken verirrten, lässt uns – im Gegenteil – an der Unabsehbarkeit eines Werdens teilhaben, das uns aus der Gefangenschaft unseres Selbstbildes herausführt. Was vordergründig eine Kränkung unseres Selbst darstellt, zeigt uns in einem uns und unsere Weltsicht wandelnden Lernprozess begriffen. So wenig wir als Denkende – uns in unserem Denken Verlierende – gegenüber dem Werden verwahren können, in das uns unser Denken hineinzieht, so schlafwandlerisch werden wir zu Handelnden.

Die Wissenschaft vom Chaos spricht diesbezüglich von einem Übergangs-Raum: Bislang vermeintlich Vorhersehbares gabelt sich plötzlich vielfach, reißt blitzhaft in verschiedenste Richtungen auf. Was uns bis zu diesem Moment des Offenwerdens als bekannt und berechenbar vorkam, beginnt, sich auf eine neue, unbekannte Ordnung hin zu labilisieren. Wenn wir denken – unser Denken überdenken –, bereiten wir uns je schon, ohne darum zu wissen, auf einen solchen Übergang vor. Je rückhaltloser wir dem von uns reflexiv Ermittelten prospektiv folgen, umso mehr begeben wir uns in die Drift auf eine unabsehbare Zukunft hin. Umso schmaler wird somit der Grat, auf dem wir wandeln. Immer weniger werden wir zwischen uns und der sich verändernden Wirklichkeit, zwischen Denken und Handeln unterscheiden können. Wir vergessen die Zeit und werden dabei von ihr getragen. Wir verlieren unseren Sinn für die Souveränität unseres Ichs, mit dem Effekt, dass wir in unserem Tun nur mehr radikaler werden. Unser Tun sprengt alle Vorhersehbarkeit durch uns. Wir sehen immer deutlicher, wie unsere Vorstellungen von der Zukunft diese Zukunft verfehlen, eben deswegen, *weil* wir sie uns vorstellen: Der Schatten, der auf der Zukunft liegt, verweist auf uns als uns selbst verborgene Lichtquelle.

Aufklärung in einer „leeren" und in einer „vollen" Welt

In einer Publikation für den Club of Rome von 2017 drängen der deutsche Umweltwissenschaftler Ernst Ulrich von Weizsäcker (geb. 1939) und der schwedische Öko-Lobbyist Anders Wijkman (geb. 1944), sekundiert von einem Think-Tank internationaler Wissenschaftler und Wissenschaftlerinnen, auf eine Korrektur unseres Begriffs von Aufklärung.[41] Hatte die klassische Aufklärung des 17. und 18. Jahrhunderts die Entmachtung der feudalen und klerikalen Eliten und damit die Etablierung der Naturwissenschaften und der Industriellen Revolution im Gefolge, so nicht weniger blinden Wissenschafts- und Technikglauben, Kolonialismus und Rassismus.

Die Autoren geben dabei zu bedenken, dass es sich bei den damaligen aufklärerischen Bestrebungen um die Ökonomisierung und Durchrationalisierung einer – wie sie in Anschluss an eine Begriffsbildung des US-amerikanischen Ökonomen Herman Daly (geb. 1938) sagen – „leeren" Welt handelte, wo es, bei vergleichsweise niedriger Erdbevölkerung, schier unendlichen Platz gab und Ressourcenüberfluss herrschte. In dem Sinne war die sich industriell verändernde Welt – abseits ihrer sozialen Verwerfungen und den daraus resultierenden Revolutionen – noch von keinen ökologisch merklichen Rückkopplungen globalen Ausmaßes angekränkelt. Genau diese aber bekommen wir heute, in einer mittlerweile „vollen" Welt, umso deutlicher zu spüren. Die Feedbackschleifen unseres Tuns werden immer kürzer: Hatte die klassische Aufklärung mit der Weite des Raums auch alle Zeit der Welt zur Verfügung, um ihren Utopismen zu frönen, so zahlen wir heute für politische und ökonomische Irrtümer sowie für ökologisches Nichtstun einen nur wenig später spürbaren Preis. Überhaupt wird Zeit zu einer immer knapperen, wenn nicht zu versiegen drohenden Ressource. Jede Innovation, deren unerbittlicher Taktgeber die Digitalisierung ist, scheint uns auf ein Weiteres die Luft zum Atmen zu nehmen – Geschwindigkeit wird zum Botenstoff globaler Verstrickung wie unserer eigenen Ermüdungen.

Einer zeitgemäßen Aufklärung wäre es denn von Weizsäcker und Wijkman zufolge um die (Wieder-)Herstellung einer Balance im Großen wie im Kleinen zu tun. Sie geben vielerlei praktische Beispiele nachhaltigen Wirtschaftens und Regierens. So profund ihre diesbezüglichen Analysen und Modelle sein mögen, so vorschnell handeln die Autoren den

Grundgedanken der Balance selbst ab. Ja, der Duktus ihres Berichts dementiert ihn geradezu. Während wir, wie sie sagen, eine neue Denkweise des Gleichgewichts *brauchen*, hätten wir ihn gleichzeitig zu *erschaffen*. Statt einem neuen Gleichgewicht vorzudenken – auf eine Weise, welche die Autoren und uns in seiner Neuheit überraschen würde –; statt Zeit darauf zu verwenden, uns (und sich selbst) klar zu machen, wie wir zu einem solchen Denken kommen mögen, lässt ihr hastiger Stil sie immer schon „weiter" sein.

Dieses Weiter entpuppt sich als ein Zurück. Es hat die Gestalt eines Rückgriffs auf ein vermeintlich verfügbares Reservoir balancebestimmten Denkens: auf das der amerikanischen Hopi, des chinesischen Yin-Yang, der aristotelischen Mitte. Die Autoren bedienen sich dessen auf lediglich referenzielle, emblematische Weise, ohne sich auf die entsprechenden Texte einzulassen und sie neu – im Kontext der Neuheit unserer heutigen Probleme – zu lesen. Dies hätte die Autoren Zeit gekostet, Zeit, die ihnen und uns die drohende Zukunft vermeintlich nicht lässt. Ihrer Unrast im Prospektiven stehen retrospektive Idealisierungen entgegen. Etwa wenn sie behaupten, dass in jener einstmals „leeren" alten Welt der amerikanischen Ureinwohner, des Daoismus, des antiken Griechenland Balance etwas Selbstverständliches gewesen sei. Wäre dem so, hätte es damals keiner Theorie des Gleichgewichts bedurft, es sei denn als bloße ideologische Verdoppelung eines ohnehin Bestehenden. Darauf zurückgreifen zu wollen, ist buchstäblich reaktionär: das reine Gegenteil von Aufklärung, und dies nicht von einer neuen, sondern bereits von der alten.

Die anonyme Mitte: Gleichgewicht fern vom Gleichgewicht

Aber vielleicht stimmt ja auch etwas nicht mit der Vorstellung eines Gleichgewichts selber. Aristoteles zufolge hat die zu erreichende Mitte ausdrücklich keinen Namen; es gibt kein Wissen von ihr und somit auch keinen pragmatischen Gebrauch davon. Die Mitte muss vielmehr erst noch gefunden werden, und dies nicht, indem wir direkt nach ihr suchen, sondern stets nur vermittelt, darüber, dass wir uns ins Spannungsfeld bestehender Extreme begeben und daraus, im Durchgang unserer an uns zerrenden Emotionen und mithilfe unserer Sprach- und Vernunftbegabtheit, ein Mittleres herausfiltern.

Das Ideal von Balance, in die individuelles Leben finden kann, ist, so der deutsche Zoologe und Ökologe Josef H. Reichholf (geb. 1945), weniger das ökologische Gleichgewicht artenreicher Tropenwälder als vielmehr das – nach einer Begriffsprägung des austro-kanadischen Biologen und Physikers Ludwig von Bertalanffy (1901–1972) – „Fließgleichgewicht" von Flüssen.[42] Nicht zufällig haben sich ja vornehmlich an deren Ufern Zivilisationen gebildet, während die Regenwälder kaum je besiedelt worden sind. Gleichgewicht meint hier zugleich Ferne vom Gleichgewicht, in dem Sinne, dass sich das Individuum in sich selbst balanciert und gerade darüber Abstand zu einem äußeren, erstarren machenden, letztlich tödlichen Gleichgewicht hält.

Reichholf nennt drei Elementareigenschaften lebender Organismen: ein nach außen abgegrenztes Innenleben, Selbststeuerung sowie die Fähigkeit zur Fortpflanzung. Eben diese Grundcharakteristika fehlen „der" Natur. Ökosysteme im Großen nehmen immer neue Zustände und Gestaltungen an, ohne dass wir um deren erst- und letztgültigen Soll-Zustand wüssten. Sie sind keine aus individuellem Leben hochrechenbare Super-Organismen. Eher übertragen wir unsere

Fähigkeit zur Selbststeuerung auf sie. So kommt es, dass wir, die wir uns vordem als Herrscher über die Natur wähnten, uns heute zu ihren Rettern aufwerfen.

Folgen wir der US-amerikanischen Biologin Lynn Margulis (1938–2011), so bedarf weniger die Erde einer Rettung als vielmehr wir vor uns selber.[43] Sie plädiert für einen Wahrnehmungswechsel. Margulis selber vollzieht ihn dahingehend, dass sie in allen lebendigen Prozessen, so auch innerhalb unserer selbst, ein durchgehend symbiotisches Geschehen am Werk sieht. Wie wir die Oberfläche der Erde bewohnen, werden wir unsererseits von Mikroorganismen – Bakterien, Pilzen – bewohnt, die für unser Leben unabdingbar sind, wie sie zugleich Herausforderungen an es und uns darstellen. Im Kleinsten wie im Größten finden Symbiosen statt, wo alles mit allem – und sei es widerstreitend – im Austausch ist. Margulis begreift die Erde denn auch nicht als ein Raumschiff – wie es etwa die Autoren des Club of Rome tun –, welches nur smarterer Piloten bedürfte, sondern als ein Geflecht interagierender Ökosysteme, die sich selber recyceln: wo die ökologischen Krisen diejenigen Übergangs-Momente markieren, an denen das Ganze seine Teile neu sortiert. Die Frage ist: Stellen wir uns selber innerhalb oder außerhalb dieses Ganzen?

Indikator Sprache

Ob uns unsere eigene Balance gelingt, zeigt nicht zuletzt die Sprache an, die wir sprechen. Sie reflektiert, inwieweit wir den Differenzen, in denen wir stehen – allen voran der grundlegendsten: der von Innen und Außen – gerecht zu werden verstehen. An unserer Sprache zeigen sich die Schwierigkeiten, mit der Überdeterminiertheit umzugehen, mit der wir allesamt ringen. Nichts scheint leichter, als für die eigenen Vorstellungen von dem, was wir als wirklich erachten, die entsprechenden Worte herzunehmen. Nichts ist indessen schwieriger, als genau die richtigen Worte zu finden, Worte, die sowohl unsere Vorstellungen auszudrücken vermögen als auch jenen Spalt spürbar halten, der unsere Vorstellungen von der Wirklichkeit von dieser selber trennt. Nicht selten schließen wir uns mit denselben Begriffen, worüber wir die Wirklichkeit – in unserem Falle: die Zukunft – fassen zu können glauben, von ihr aus. So sehr wir in unserem Denken eine Verbindung zu einer Wirklichkeit suchen, die wir nie zu fassen bekommen, zeigt uns eine ungemäße Wortwahl eine Störung eben dieser Verbindung an.

Johannes Müller-Salo (geb. 1988) hat aufgezeigt, wie in der Debatte um den Klimawandel bisweilen mit dichten wie blinden Begriffen operiert wird, in welchen sich – etwa bei „Natur", „Zukunft" und „Verantwortung" – beschreibende und wertende Momente heillos vermischen.[44] Bezeichnet beispielsweise „natürlich" gesetzmäßig beschreibbare Prozesse physikalischer, chemischer oder biologischer Art, so wird dies Adverb zugleich kontrastiv-wertend im Sinne einer Kultur-, Wissenschafts- oder Technikkritik verwendet. Was „Zukunft" angeht, wird diese nicht als diejenige Zeit aufgefasst, die der jetzigen nachfolgt[45] (und sich *in* ihrer Ablösung auch nicht aus dem Jetzt prognostizieren lässt), sondern als hochrechenbare Abweichung vom derzeitigen Ist-Zustand. Die Abweichung ist dabei einer Verschlechterung synonym, während bereits in einem nächsten Schritt – derweil der Ist-Zustand zum Soll-Zustand mutiert – die errechnete Verschlechterung als Ungerechtigkeit interpretiert wird, welche die Heutigen gegenüber den Kommenden zu verantworten hätten. „Verantwortung" wiederum, im globalisierenden Gebrauch, meint nicht so sehr eine konkret zugewiesene oder entscheidungshalber auf uns genommene Verpflichtung. Sie wird vielmehr als diffuse Schuld wahrgenommen, die im selben Maße, wie sie jede und jeder auf sich geladen fühlt, unabgeltbar ist, mithin ohne praktische, das heißt quantifizierbare Konsequenzen bleibt.

Wir empfinden eine Diskrepanz zwischen dem, was wir zu sagen haben, und dem, wie wir es sagen – so sehr, dass das Wie das Was zu verdecken beginnt und sich unser eigenes Erleben verunklart. Die dumpfen Appelle, die wir nach außen senden, wirken auf uns selbst zurück, bewirken eine Art Chaos in uns. Wir spüren eine Unruhe, die sich zu Unduldsamkeit steigert. Was wir im Außen als grundstürzend anprangern, erleben wir in uns bereits als Zustände von Wirrheit. Wir halten sie, solange es geht, durch äußere Routinen beherrschbar. Zu solchen gehören nicht zuletzt unsere fixen Vorstellungen und unser eingeschliffener Sprachgebrauch. Aber irgendwann kommt der Zeitpunkt, da die Schere zwischen Innen und Außen derart auseinandergeht, dass wir so, wie wir jetzt leben, nicht mehr weiterleben können oder wollen. Es ist der Augenblick, da wir unser inneres Chaos als dieses wahrzunehmen beginnen und mit ihm die Unumgänglichkeit, zu lernen, einsehen.

Der deutsche Biochemiker und Philosoph Friedrich Cramer (1923–2003) hat den Begriff des „Evolutionsfelds“ geprägt.[46] Dieses beackern wir, wenn wir lernen. Innen und Außen, Denken und Materie gehen hier, durch uns hindurch, mittels unseres Denkens, neue Verbindungen ein. Entgegen der – blinden und trägen – Vorstellung, Materie sei blind und träge, schreibt Cramer dieser bereits Ideenträchtigkeit zu. Wir sind einerseits Betroffene, andererseits Agenten dieses sich wandelnden Evolutionsfeldes, Wesen, die die Ideenträchtigkeit der Materie zur Partnerin unserer eigenen Lernfähigkeit nehmen können.

Denkend folgen wir den unaufhörlichen und unabsehbaren Seitenwechseln von Innen und Außen. Je besser wir sie sprachlich wiederzugeben verstehen, desto enger, spürbarer führen wir uns an der Leine unserer eigenen Entfaltungen. Bei allem jedoch bleiben wir in einer Art Grunddiskrepanz zu allem, uns selbst eingeschlossen, allein schon darüber, dass die Worte, die wir benutzen, mehrdeutig sind. Ein bleibendes Missverhältnis, in welchem Maurice Blondel eine durch kein Denken und Handeln zu beseitigende Polarität erblickt: Die Wirklichkeit überholt danach unser Denken, wie wir wiederum denkenderweise ihr voraus sind. Wir überholen zudem in unserem Denken unser eigenes Handeln, während andererseits unser Handeln unser Denken als dessen Kontrollorgan im Schlepptau führt. Weder unser Handeln noch unser Denken sind je ganz bei sich, sondern immer schon mit dem Anderen ihrer selbst befasst. Sie kommen weder weg voneinander noch jemals zueinander. Vielmehr durchlaufen sie die uns bestimmende Grunddifferenz von Innen und Außen als jenen Treff- und Schwingpunkt, aus dem heraus wir jeweils denken und handeln, ohne ihn selber zu treffen.

Ein Schritt zurück

Der Abstand, den die, die uns öffentlich zur Umkehr im Denken aufrufen, zu uns herstellen, verdeckt ihnen nur die eigene Diskrepanz zwischen Denken und Sprechen, Sprechen und Handeln. Aufklärung, als fremderzieherischer Akt, stellt ein Ersatzhandeln gegenüber einer ausgebliebenen Selbsterkenntnis dar: Je weniger der Aufklärer selber zum Innehalten kommt – seine Sprache sich nicht über sich selbst aufklärt –, umso „dringlicher" – suggestiver – werden seine Botschaften. Inbegriff der Dringlichkeit ist die Drohung (mit) einer unheilvollen Zukunft. Diese wird es so, wie wir sie uns vorstellen, mit Sicherheit nicht geben. Indem wir auf ihr von uns selbst ausgemaltes Kommen starren, machen wir uns nur unempfindlich gegenüber einem Werden, das uns hier und jetzt im Griff hat und uns in eine Richtung trägt, wo uns unser heutiges Hören und Sehen vergehen wird – wo sich unsere Wahrnehmung und unser Erleben im Ganzen, unantizipierbar, gewandelt haben werden.

Statt anderen vorzugeben, woraufhin sie ihr Leben und Denken zu ändern haben, sollten wir einander zur Geistesgegenwärtigkeit ermutigen: den zur Findung unseres inneren Gleichgewichts gebotenen nächsten Schritt zu tun. Ein guter Pädagoge geht nicht weiter als bis zu diesem Punkt. Er geht sogar einen Schritt zurück. Er lässt den anderen, eingedenk seiner ihm eignenden Würde – der Unmöglichkeit, direkt, ohne dessen eigene Mithilfe, auf ihn einzuwirken –, an sich selber vorbeiziehen. Er begleitet ihn dabei in Gedanken und mit guten Wünschen. Wer immer uns zum Umdenken bringen will, möge darin vorangehen, sich selbst derart zurückzunehmen.

Teil II

Wir denken unvermeidbar subjektiv. Umgekehrt streben wir in uns weg von uns, nach Objektivität. Wir stellen eine Lücke in der Wirklichkeit dar, die an ihrer eigenen Überbrückung arbeitet. Wo sie gelingt, sind wir in unserer Mitte, wenn auch nur für diesen Augenblick.

Selbst(ab)stand – die Suche nach der Mitte

Gleichsam eingeklemmt zwischen Psychologie und Physik, Innerlichkeit und Außenwelt, kennen wir uns selber niemals umfassend, während wir uns gleichzeitig nie genug sind. Genauso wenig können wir uns darüber, was wir gerade wahrnehmen, schon die Wirklichkeit im Ganzen erklären. Wir befinden uns, ehe wir uns als Subjekte bewusst werden, bereits mit einer Subjektivität ausgestattet vor, dergemäß wir fühlen, wahrnehmen und denken, wie wir es eben tun. Auf der anderen Seite sehen wir uns einer Wirklichkeit gegenüber, deren umfassendere Existenz wir vernünftigerweise auch dann nicht anzweifeln, wenn wir sie nicht zu durchdringen vermögen; wozu gehört, dass wir andere Subjekte, die auf für uns nicht nachvollziehbare Weise wahrnehmen, fühlen und denken, in ihrem Selbstsein zu respektieren haben, das heißt als uns unverfügbar wissen.

Mitte ohne Namen

Es zeichnet noch unsere Subjektivität aus, dass wir uns von ihr distanzieren können: Wir sind imstande, von uns aus weg von uns, nach Objektivität, zu streben. Eine Fähigkeit, die wir – folgen wir dem amerikanischen Philosophen Thomas Nagel (geb. 1937) – jedoch in unseren Vorstellungen einer objektiven Wirklichkeit gar nicht unterbringen können.[47]

So wie wir es uns nicht vorstellen können, wie es sich anfühlt, beispielsweise eine Fledermaus zu sein, können wir uns nicht vorstellen, *kein* Subjekt zu sein.[48]

Wenn wir uns selbst in die Wirklichkeit einrechnen, die uns umgibt, stellen wir als zur Selbstreflexion befähigte Subjekte eine Lücke eben dieser Wirklichkeit dar. Wir bekommen sie mit keiner Erklärung geschlossen. Vielmehr haben wir es mit einer Polarität zu tun, in der weder Subjektivität in Objektivität noch Objektivität in Subjektivität aufgeht – wo es, im Gegenteil, darum geht, diesen Dualismus nicht aufzulösen, sondern auszuhalten, in ihm unsere Balance zu finden. Wie aber könnten wir ein solches Gleichgewicht auch nur suchen, hätten wir nicht schon ein Vorgefühl dafür, wie es wäre, „bei uns" zu sein? Und: Betrifft, was uns selbst angeht, nicht auch unsere Staaten, Ökonomien und Kulturen, ja, die Erde im Ganzen?

Die zu findende Mitte ist nicht schon definiert. Auch wenn sie für alle gleich wichtig ist, bedeutet sie doch für jede und jeden etwas anderes, Spezifisches. Sie hat, nach Aristoteles, keinen Namen. Von daher auch können selbst Extremisten sie für sich beanspruchen, wenn sie meinen, Definitionsmacht über die Mitte zu besitzen, die sie selbst nötig haben. Und doch können wir nicht anders, als die Mitte über die sich uns anbietenden Gegensätze zu ermitteln. Um geläufige aristotelische Beispiele zu nennen, sind wir tapfer nur, wo es uns gelingt, weder feige noch tollkühn zu sein, und großzügig, wenn wir gleichermaßen Geiz und Verschwendung meiden.[49]

Auch wenn wir also über kein positives Wissen von der Mitte verfügen, haben wir dennoch eine Ahnung von ihr. Davon geleitet, denken wir: überdenken wir unser Denken. Wir finden uns als Denkende vor, die aufgrund eines erfahrenen Widerstands – und sei es nur der unverständige Blick unseres Gegenübers – denken. Wir sehen uns genötigt, unser

Denken zu reflektieren. Indem wir dies tun, machen wir uns, im doppelten Wortsinne, zu einer Mitte hin auf, derer wir augenblicklich entbehren.

Unsere Balance suchend, füllen wir das Nichtdefiniertsein unserer eigenen Mitte mit unseren aktuell durchlebten Gefühlen und Gedanken an. Wir messen diese an jener, ermessen so den Abstand unserer jeweiligen Gefühle und Gedanken von eben der Mitte, derer wir emotional und mental bedürfen. In dem Maße, wie wir in der Lage sind, an und in uns selber Unebenheiten und Diskrepanzen zu erfahren, nimmt unsere Mitte allmählich Gestalt an. In diesem Augenblick schon verändert sie uns – verändern wir uns. Zunehmend gewinnen wir Stabilität, um uns gegen die in und an uns wirkenden Kräfte des Zuviel oder Zuwenig zu behaupten. Wir erlangen den nötigen Spielraum, um mit uns selbst ins Gericht zu gehen, ohne bereits an unseren Schuldgefühlen zu vergehen. Wir beginnen, gegen die Unangemessenheiten unserer uns bestimmenden Gefühle und Gedanken anzudenken. Je selbstkritischer, desto freier erleben wir uns: frei uns selbst gegenüber. Nichts als diese erfahrene Freiheit wäre unsere gefundene Mitte. Ebenso schnell können wir beides indes wieder verlieren, sobald wir erneut von Gedanken und Gefühlen fortgerissen werden, die für den Moment ihres Gedacht- und Gefühltwerdens stärker wären als wir selbst.

Unser zu findendes Gleichgewicht ist nicht nur Angelegenheit unseres persönlichen Wohlempfindens. Es regelt ebenso sehr unser Verhältnis zu den anderen, zur Welt im Allgemeinen. Ein Vertreter der Mitte ist denn auch weniger als lediglich entspannt zu denken. Aristoteles zufolge ist ein solcher vielmehr darum bemüht, die Dinge um ihn herum beim rechten Namen zu nennen wie auch zum eigenen Wort zu stehen. Ein Jeder, eine Jede ist aufgerufen, ein derart aufrichtiger, zugewandter Mensch zu sein – und kann dies doch immer nur auf die eigene, individuelle Art leisten. Es gibt kein Muster hierfür etwa im Sinne eines überlieferten Werte-Kanons, dem wir treu folgen könnten. Womöglich beruhen die an uns weitergereichten Ideale und uns Halt gebenden Üblichkeiten bloß auf tradierten Irrtümern und Ungerechtigkeiten. Andererseits stellen Traditionen in ihren Anfängen nicht selten Übereinkünfte korrigierend-revolutionärer Natur dar. Auch finden wir nicht schon in unseren eigenen Strebungen und Intuitionen ein Maß fürs zu tuende Gute vor. Jederzeit sind wir der Möglichkeit des Irrtums wie der Korruptheit der uns leitenden Bedürfnisse ausgesetzt. Genauso wenig jedoch können wir die Stimme unseres Gewissens einfach ignorieren, hält es uns doch in all seiner Fehlbarkeit in Kontakt mit uns und schützt uns so vor äußeren Fehlleitungen.

Der Moment, in dem wir „du" zu uns sagen

Wie man es auch dreht und wendet: Wir müssen unseren Weg zur Mitte wiederum durch eine Mitte nehmen – zwischen unserem Inneren und der Welt draußen. Dieser Weg ist kein methodischer; er ist Sache des zu lebenden Lebens selbst. Dieses nun ist zuvorderst von Herausforderungen und damit einhergehenden Gleichgewichtsstörungen bestimmt. Dass wir uns mit uns und der Welt nicht schon im Einklang befinden, zeigt, dass wir am Leben sind; aber auch, dass sich unser Leben nicht schon von allein lebt, sondern – durch all die Wirrnisse kommender Veränderungen hindurch – von uns geführt werden muss.

Wie aber sollen wir der Veränderlichkeit von allem und jedem sowohl gerecht werden als auch widerstehen, zumal wir selber nie die Gleichen bleiben? Wie sollen wir die Wandlungen in der Welt und unserer selbst in eins begreifend vollziehen und praktisch so koordinieren, dass wir bei alldem die

Welt und uns selbst wiedererkennen? Wir vermögen es immer nur mit Mühe und verspätet. Und dies nicht nur, was die äußere Realität, sondern auch was uns selbst angeht. Nachträglich erst kommen wir dahin, unser Fühlen und Denken in seiner Unangemessenheit demgegenüber zu erleben, was uns dazu gebracht hat, auf diese bestimmte Weise zu fühlen und zu denken. Diese Selbstverspätung verweist, paradoxerweise, auf ein Vorwegsein uns selbst gegenüber. Wie nämlich sollen wir aus eigenen, selbstreflexiven Stücken die Inadäquatheit unserer Reaktionsweisen und Handlungen berichtigen können, wüssten wir nicht schon irgendwie, dass etwas mit uns selbst nicht stimmt?

Nicht zuletzt hierin besteht das Rätsel unserer Subjektivität, die wir mit der äußerlichen Tatsache unserer Existenz mitbringen. Wahrnehmend und denkend, finden wir uns auf einerseits selbstverständliche, andererseits für uns selber undurchsichtige Weise als *so* Wahrnehmende und Denkende vor. Was ist dabei früher, Denken oder Wahrnehmen? Die Jähheit des von uns jeweils Wahrgenommenen, unser Überraschtsein von ihm, bringt uns zum Nachdenken darüber. Andererseits würde es uns nicht überraschen, wenn wir nicht zuvor auf eine Weise gedacht hätten, die uns etwas Bestimmtes erwarten ließ. Wäre eingetreten, was wir erwarteten, hätten wir es unserem Denken angeglichen, ohne überhaupt zu merken, dass wir denken. Mit der Lücke, die sich mit der je eigenen Wahrnehmung auftut, eilt sogleich das Denken herbei, diese per Reflexion zu schließen. Indem wir das von uns in seiner Plötzlichkeit Wahrgenommene reflektieren, heben wir die Gleichgewichtsstörung, in die es uns für Augenblicke versetzt, auf; wir passen unsere abweichenden Wahrnehmungen den Normalannahmen unseres Denkens an und beruhigen uns daran.

Stets reagieren wir auf etwas, das uns von irgendwoher „anspricht". Die Heftigkeit der Reaktion darauf offenbart uns

uns selbst in unserer Reizbarkeit: „Warum habe ich nur so reagiert?“ Wir treten uns als jemand vor Augen, der seit jeher, bewusst oder unbewusst, Annahmen an die Wirklichkeit heranträgt, die er, in Kontakt mit dieser, sei es bestätigt findet, sei es bereut und in der Folge reflexiv abarbeiten muss. Wie vordem im Außen, tut sich ein Spalt in uns auf: Von uns selbst irritiert, beginnen wir, uns in uns zu teilen, uns neben uns zu stellen, „du“ zu uns zu sagen. Die Fähigkeit, sich selbst in der Zweiten Person anzusprechen, stellt gleichsam die Folie aller realen Ich-Du-Beziehungen bereit. Das Ideal einer solchen Beziehung ist die Freundschaft. Aristoteles zufolge sind wir gleichermaßen in der Lage (und gehalten), mit uns selbst in freundschaftlichem Verkehr zu stehen, wie wir im Freund uns gewissermaßen selbst lieben.

Alle Ich-Du-Beziehungen heben sich plastisch ab von dem Hintergrund einer Welt als Idee eines reinen, kontingenten – nicht schon von uns mit Erwartungen besetzten – Außen. Nach Maurice Merleau-Ponty (1908–1961) sind wir von jeher „zur Welt“.[50] Gäbe es für uns keine Welt, gäbe es für uns auch nicht uns selbst; wir wüssten nicht, dass wir jeweils ein „Ich“ sind. Sobald wir dies wissen, werden wir uns schon zum Du: Wir wenden uns in der Welt von der Welt ab und uns selbst zu. Wir sind unser eigenes Selbstverhältnis, eingebettet in (und abgekapselt von) unserem Verhältnis zur Welt als einer sozusagen globalen, blasenhaften Dritten Person. Aus ihr heraus treten reale Zweite Personen in Beziehung zu uns und verschwinden wieder darin. Gedankenlos bedienen wir uns der Welt als Pool unserer jeweiligen Beziehungen und Initiativen. Unmerklich bestimmt unser Selbstverhältnis unser Verhältnis zur Außenwelt. Je geringer unser Gespür für uns, unsere Möglichkeiten und Grenzen, umso fremder und beengender wird uns die uns umgebende Wirklichkeit erscheinen – wie uns auch ein Außen, von dem her wir Zwang und Gewalt erfahren haben, in unserem Umgang mit uns selbst, unserer Freundschaftsfähigkeit zu uns, nachhaltig irritieren wird.

Der Wahn des Verstehens

Die Welt fängt nicht erst außerhalb von uns an; sie haust in uns, unseren Empfindungen, Gedanken und Träumen. Genauso aber auch vermögen wir es, uns für Momente wie von außen, der Welt enthoben, zu sehen: In der Welt sehen wir uns in eine Differenz zur Welt gestellt. Sie *erscheint* uns – wie wir uns selber erscheinen. Nie können wir uns in diesem Bewusstsein ganz geborgen fühlen. Wir fühlen uns, wenn überhaupt, gehalten immer nur um den Preis des Schmerzes, mit nichts, nicht einmal mit uns selbst, eins zu sein. Und doch gelingt es uns wundersamerweise immer wieder, über alle empfundenen Klüfte hinweg an etwas in dieser Wirklichkeit anzuschließen, an etwas, das uns, und sei es nur bruchstückhaft, ein Gefühl von Vertrautheit vermittelt.

Allem voran unser Verhältnis zu unserem Körper ist vom Erleben solcher Ambivalenz bestimmt. Wir erfahren ihn als etwas an uns selbst Äußerliches, schicksalshaft Gegebenes, das wir gleichwohl durch Diät und Sport modellieren können. Dies gilt nicht minder für mentale Vorgänge, wie etwa das Lernen. Während wir am Anfang vom zu Lernenden aufgrund unserer Unkenntnis getrennt sind, können wir mit dem Moment, da wir uns in den Prozess lernender Aneignung eines uns Fremden begeben, immer weniger sagen, was einerseits uns als Lernenden innen und vertraut, was uns andererseits außen und fremd ist. Am Ende vermögen wir überhaupt nicht mehr zu unterscheiden zwischen dem Gelernten dort und uns selbst als es gelernt Habenden hier: Das zu Lernende ist in uns als Lernende eingegangen – so wie, im umgekehrten Fall, wenn wir etwas wieder vergessen, mit diesem Etwas auch etwas von uns selbst wieder weggeht.

Bei allem, was wir zu verstehen suchen, machen wir uns selber zum Medium dieses Verstehens. Wir stellen dem zu verstehenden anderen unsere Potenz, überhaupt irgendetwas oder irgendjemanden zu verstehen, zur Verfügung. Wir gehen in Vorleistung, indem wir dem Außen gleichsam unser Inneres leihen – wie es der „Beter" in Kafkas Erzählung *Beschreibung eines Kampfes* als eine ihn „so quälende Lust" beschreibt, „die Dinge so zu sehn, wie sie sich geben mögen, ehe sie sich mir zeigen"[51].

Wir verstehen mithin auf im Grunde wahnhafte Weise. Als Antidot unserer überschießenden Vorstellung, alles und jeden verstehen zu können, müssen wir, allein um nicht verrückt zu werden, aus uns heraus ein uns und unserem Verstehen Entgegenstehendes, Widerstand Bietendes aufsuchen. Wir fahnden nach Objektivität an just dem Punkt, an dem unsere Selbstleihgaben für uns selbst spürbar ins Leere laufen – wo wir, „alles" verstehend, uns allem überheben und in eben unserer Selbstüberhebung verlieren würden. Von dem in uns wachgehaltenen Gedanken eines uns bei aller Bereitschaft und Fähigkeit, zu verstehen, grundsätzlich Widerstehenden her beginnen wir, uns in dem, was wir von jeher von uns her vorgeben, zu reflektieren. Peu à peu lernen wir, die Welterklärungen, die wir an die Welt herantragen, per Realitätsprüfung wegzuarbeiten. Nie jedoch werden wir unser Inneres in eine Symmetrie mit dem Außen bringen können: Die Idee von Objektivität, die unsere Skrupel gegenüber einer unabhängig von unserem Verstehen (oder Nichtverstehen) existierenden Wirklichkeit leitet, ist nicht von dem subjektiven Aufwand zu trennen, den wir hierfür betreiben. Objektivität ist, so genommen, weniger Gegensatz als ein Grenzbegriff unserer Subjektivität – eben die Stelle, an der wir Abstand zu uns selbst gewinnen.

Unterschieden sein – gesammelt sein

Niemand kommt aus seiner Haut – und jede und jeder versucht es dennoch. Unaufhörlich brechen wir nach außen hin auf, ohne je beim Außen selbst an- beziehungsweise von uns selber wegzukommen. Im Versuch, die Wirklichkeit und uns inmitten ihrer zu verstehen, schiebt sich zwischen sie und uns eine Wand. Es ist unser Denken, das uns vor diese Wand bringt. Denkend erst merken wir, wie sehr wir in unserer Subjektivität befangen sind; wie wir uns jederzeit von der Möglichkeit des Irrtums und des Wahns angefochten sehen. Es sind dieselben Momente, in denen wir uns, zum Du geworden, an die Grenze unserer selbst mitgenommen haben.

Die Grenze ist zugleich eine äußere und eine innere: die Differenz von Innen und Außen selbst. Seit je bewegen wir uns auf deren Grat: Während dieser uns und unser Erleben bestimmt, bestimmen wir ihn durch die Art unseres Umgangs mit ihm, die Weise, wie wir gleichermaßen auf ihm und uns in uns selbst balancieren. Dabei wissen wir nie genau, wo Innen und Außen jeweils anfangen und enden. Vor diesem Hintergrund wird die Unterscheidung virulent, die der französische Philosoph Gabriel Marcel (1889–1973) zwischen „Problem" und „Mysterium" getroffen hat.[52] Auf ein Problem werden wir von außen gestoßen; es steht uns vor Augen. Das Mysterium dagegen schließt uns als Sehende ins Gesehene ein; das Vor-uns erweist sich bereits als ein In-uns. Während wir ein Problem praktisch-technisch meistern, verweist uns das Mysterium auf unsere noch unbefragte Verbindung zu dem, was uns von außen her beansprucht. Mit dem Moment, da uns unsere Verbundenheit mit ihm aufgeht, wandelt sich schon unser Verhältnis zu ihm. Statt es als bloß etwas zu Beseitigendes zu behandeln, fangen wir an, uns mit ihm umfassender zu befassen. Mehr und mehr lassen wir es an uns heran, in uns hinein. Wir beginnen, die Innen-Außen-Differenz, in der wir ohnehin stehen, als solche auszuhalten.

Sie aushaltend, spüren wir, wie uns die Innen-Außen-Differenz, um den Preis eines Schmerzes, ihrerseits hält. Marcel spricht von einem Frieden, der alle Verstandeskräfte übersteigt. Während wir bei all unseren versuchsweisen Problemlösungen damit befasst sind, uns mittels Fremdbeherrschung beziehungsweise Selbstabschottung gegen Äußeres zu behaupten, zwingt uns die – irritierende – Erfahrung des Mysteriums zu Selbstkonfrontation und Selbstbeherrschung. Mit dem Ergebnis einer unvorhergesehenen Ruhe und Weite, die in uns einzuziehen beginnt: Wo uns ein vor uns liegendes Problem zu Wille und Leistung anspornt, versetzt uns das Mysterium in einen Zustand der Sammlung. Angesichts der bloßen Tatsache, dass sich die erscheinende Welt permanent verändert, müssten wir schier irrewerden, verstünden wir nicht, uns aus unserer Nichtübereinstimmung mit der äußeren Welt (und, nicht zu vergessen, mit uns selbst) heraus immer neu zu sammeln und darüber unser Gleichgewicht wiederzufinden.

Die Mitte, die unseren Namen trägt

Von dieser Warte aus erweist sich die Wirklichkeit als so unbeherrschbar wie unerschöpflich. Alles, in uns und um uns herum, erfahren wir auf weithin undurchschaubare Weise ineinander verfaltet, uns selbst einbegriffen. Denkend versuchen wir, diesen Verwicklungen nachzugehen. Wir erleben unser Denken als Teil dieser Verwicklung, daran ablesbar, dass wir, während wir denken, nicht schon realisieren, dass wir denken. Wir begeben uns an einen Ort, wo wir, ohne es zu wissen, schon sind. Wir treten in den Prozess einer Selbstverspätung ein, aus der heraus wir mit der Wirklichkeit, die uns bestimmt, unsere eigene Subjektivität in einem Zug auskundschaften, artikulieren und hinterfragen.

Der Zweck unseres Denkens besteht, wie gesagt, über alle Problemlösungskompetenz hinaus, in nichts als der Unterbrechung, die wir in uns her- und an uns selber darstellen. Was schon damit beginnt, dass wir imstande sind, uns inmitten der uns bedrängenden Erscheinungen mit Abwesendem zu befassen. Liegt nicht darin Würde genug? Darin, dass wir für Augenblicke unsere innere Deutung der äußeren Welt an- und selber innehalten – mit Marcels Worten: von einem problemfixierten Aktivismus zu einer Reflexion übergehen, die uns noch mit dem uns Widerstehenden verbunden zeigt? Dass wir uns überhaupt zu der Idee einer Verbundenheit bereit machen, von der wir doch wissen, dass wir von ihr niemals ein positiv aussagbares Wissen bekommen werden?

Hier wäre unsere Mitte zu suchen. Indem wir die Differenz von Innen und Außen immer besser, immer tapferer auszuhalten lernten, gäben wir unserem Aushalten die Gestalt einer Geduld ohne Bitterkeit. Eine Geduld, die sich nicht zuletzt auch unserer Umwelt, wenn auch zeitversetzt, mitteilt. Es sind mithin die anderen, in deren Augen wir der Mitte einen – unseren – Namen gegeben hätten. In unserer Innenperspektive wiederum hätten unsere Gedanken und Empfindungen eine uns selbst besänftigende Wandlung genommen. Immer deutlicher ginge uns auf, dass wir zwar keine Wahl in Bezug auf uns und unsere Subjektivität haben, aber alle Freiheit, uns zum Besseren zu verändern: zu lernen.

Unsere Bereitschaft zum Lernen bringt uns immer neu in Abstand zu uns und lässt uns gerade darüber, paradoxerweise, uns nah sein: Ohne Selbstabstand kein Selbststand. Es ist unsere objektiv nicht formulierbare Fähigkeit, nach Objektivität zu streben, die, Thomas Nagel zufolge, unsere eigentliche Kreativität ausmacht. Umgekehrt zerrütten unsere Selbstbehauptungen und Rechthabereien nur uns selber und damit auch unsere Umwelten. Lernunwillig, ist unser Lebensgefühl notwendigerweise von Gier, Furcht und Defätismus bestimmt, ohne dass wir je erfahren würden, dass und inwieweit wir für unser Welt- und Selbstbild selbst verantwortlich sind.

Was unser Denken stört, bringt uns erst zu ihm. Per Denken suchen wir nach Auswegen innerhalb des uns Bestimmenden – darüber, dass wir der Differenz von Innen und Außen, in der wir stehen (und die sich in uns fortsetzt), nachgehen. Die Auswege sind Hineingänge in eine Mitte, die, so flüchtig sie ist, sich immer neu einem Unendlichen öffnet.

Die Mitte als Äußerstes, was wir erreichen können

Unser Denken legt eine Differenz von Innen und Außen frei. Das versetzt uns in die Lage, die Schwierigkeiten, in denen wir jeweils stecken, zu bestimmen und zu bewältigen. Wir können sie nicht anders bewältigen, als dass wir emotional und gedanklich in die Differenz, von der wir uns bestimmt finden, hineingehen. Indem wir dies tun, gehen wir schon aus ihr heraus, in Richtung eines sich öffnenden Dritten von Innen und Außen. Was, wenn von diesem Dritten das Gelingen unseres Lebens abhinge, unser Glück? Um zu ihm zu gelangen, müssen wir durch einen Schmerz hindurch, sei er noch so klein. Dieser unterweist uns darin, dass wir in allem, was wir haben oder sein mögen, ein inneres Entferntsein bewahren; dass wir noch in unseren Hingaben getrennt davon bleiben – aber auch frei.

Bedrängung und Spielraum

Wie unser Erleben von der Innen-Außen-Differenz, die wir jetzt und hier durchlaufen, bestimmt wird, bestimmen wir kraft unseres Denkens, der Weise, wie wir unser Erleben deuten, auch die Weise unseres Durchgangs. Unser Denken dient in eins unserer Selbsterhaltung und unserer Selbstentfaltung – nicht nur im Sinne eines reflexhaften Automatismus', sondern in Form autonomer Reflexion. Reflektierend geben wir unsere ganz eigene Antwort auf unser Bedingtsein. Genau hier, in der Spalte zwischen unserem Bedingtsein und unserer Antwort darauf, hat Freiheit statt.

Auf etwas antworten heißt, uns von etwas angesprochen zu wissen, dem wir uns nicht einfach entziehen können. Um uns zumindest ein wenig von einem von außen her empfundenen Druck oder Sog freizumachen, müssen wir ihm in irgendeiner Weise nachgeben. Wir lassen etwas oder jemanden an uns heran. In dem Augenblick, da wir uns dazu entschließen, tut sich uns inmitten der Bedrängnis etwas auf. Wir merken, dass auch das, was uns bedrängt, einer es bestimmenden Innen-Außen-Differenz untersteht. Dies zu erkennen, macht unsere Geistesgegenwärtigkeit aus. Sie hat unser Denken zu sensibilisieren, wie, umgekehrt, uns unser Denken idealerweise für diese Sensibilisierung schult: Im Durchgang der uns bestimmenden Differenz von Innen und Außen müssen wir ein sich öffnendes Drittes ausmachen, das uns aus dem uns hier und jetzt Bedrängenden herausführt.

So sehr wir uns als sich gegenüber der Wirklichkeit (jenseits aller erkenntnistheoretischen Fragen, was diese sei) Verspätende erfahren, so sehr veranlasst uns diese Erfahrung, nach Autonomie zu streben. Ein Streben, das wir „Fortschritt" nennen – dadurch definiert, dass wir in uns in wachsende Unabhängigkeit von dem kämen, was uns von außen her bestimmt. Hier aber liegt auch die Quelle möglichen Rückschritts, nämlich in dem damit einhergehenden Verlust an Reibung und Wirklichkeitssinn: Hybris. Folglich hat uns unser Sinn für Autonomie noch für unsere bleibenden Abhängigkeiten empfänglich zu halten, dafür, dass wir als uns selbst Bewegende je schon von außerhalb von uns in Bewegung gesetzt worden sind – noch in uns selbst, in Form unbewusster Antriebe. Wir haben zu keinem Augenblick die erste Initiative in Bezug auf uns selbst. Unsere Freiheit ist und bleibt eine Antwort auf eine prinzipielle Unfreiheit. Unsere Freiheit besteht in nichts anderem als der bewussten Übernahme des uns Bedingenden in unsere Selbstbestimmung, in der Weise, wie wir uns zu uns verhalten. Wir sind nur soweit frei, wie wir unser Verhältnis zu uns selbst klären und aus dieser Klärung heraus unser Weltverhältnis in die Hand zu bekommen imstande sind.

Im gleichen Maße jedoch ist Freiheit auch unverlierbar – so lange, wie wir die Innen-Außen-Differenz, die uns bestimmt, aus der Innensicht heraus zu erfassen und zu artikulieren vermögen. Erst in und aus dieser Perspektive ermitteln wir unsere eigenen Möglichkeiten und Wege innerhalb des uns Determinierenden. Gleichzeitig droht uns unsere Freiheit, wie gesagt, mit dem Totalwerden unserer Innenperspektive wieder verlorenzugehen: nach außen hin mit dem Verlust unseres Wirklichkeitssinnes, unseres Sinnes dafür, dass und was uns jeweils entgegensteht; nach innen hin, sobald wir meinen, wir wären bereits das, wonach wir immer erst noch zu streben haben: autonom. Wir verlieren so den Sinn dafür, dass wir immer nur die zweite Initiative besitzen, mithin für den Antwortcharakter unserer Autonomiebestrebungen, dafür, dass wir, stets überfordert, immer neu Auswege finden müssen.

Unsere Autonomie realisiert sich, wenn überhaupt, immer nur bruchstückhaft und für Momente, präzis so weit, wie wir uns jeweils aus der Klemme der uns bestimmenden Innen-Außen-Differenz zu befreien vermögen. Nur dann und dort hätten wir Spielraum gewonnen, in welchem wir uns als selbstbestimmt erfahren. Gerade dann bedürfen wir, damit wir uns keiner Illusion bezüglich der Grenzen des Eingebettetseins unserer Freiheit hingeben, umso mehr des Korrektivs einer uns widerstehenden Wirklichkeit. Dafür sorgen schon unsere fünf Sinne als Registratoren einer von uns unabhängig bestehenden Realität. Allem voran der Tastsinn bewahrt uns ein Empfinden für das Widerständige alles Wirklichen. Ohne den Sinn dafür würden wir wohl keinen Tag überleben. Von ihm her auch vergewissern wir uns unserer potenziell glückshaltigen Beziehung zu den anderen und der Welt der Objekte: berührt zu werden und selber zu berühren.

Wahrnehmung, Bewusstsein, Denken

Wir haben immer schon zu denken begonnen, in dem Maße, wie uns jedwede Außenerfahrung auf uns selbst zurückwirft und von uns Antworten auf sie erzwingt. So wild und ungeregelt zunächst unser Denken als schiere Fähigkeit sein mag, aus dem Stand Antworten auf das, was uns von außen her zu denken gibt, zu geben, so weiß sich das Denken in seinem Verlauf gleichwohl bestimmten Gesetzen – etwa der Folgerichtigkeit und Widerspruchsfreiheit – verpflichtet. Wir wollen ja sowohl für uns selber triftige und tragfähige Antworten geben als auch von den anderen verstanden und ernstgenommen werden. Wie früh aber müssen Gedanken nachvollziehbar sein, ab wann ist eine Antwort auch für andere gültig? Kann nicht ein Denken noch dann in die Irre gehen, wenn es zwar in sich schlüssig und nachvollziehbar ist, uns selber als es Denkende aber gar nicht berührt? Was, wenn wir nicht den Mut aufbringen, in unserem Denken eine Antwort auf eine von ihm ausgehende Verstörung zu geben? Dann nämlich würde die formale Schlüssigkeit unseres Denkens uns just von der spezifischen Innen-Außen-Differenz entfremden, die uns herausfordert, auf unsere eigene, für uns und unser Leben folgenreiche Weise zu denken.

Um seines eigenen Realismus' willen muss unser Denken von Wahrnehmungen ausgehen, äußeren wie inneren. Zu einer Wahrnehmung gehört noch, dass uns das, was wir wahrnehmen, *stört*. Einem solchen von innen oder von außen her Irritierenden steht die interne Systematik unseres Denkens entgegen. Von jeher besteht eine Schere zwischen Wahrnehmung und Denken. Unaufhörlich sind wir damit beschäftigt, die Lücken, die uns die Disparatheit unser Wahrnehmung vermittelt, mit unserem Denken zu schließen, derweil sich schon an anderer Stelle, wie wir wahrnehmen müssen, eine neue auftut. Wir vermögen die Unmöglichkeit, per Wahrnehmung Kohärenz herzustellen, nur auszuhalten, weil wir je schon denken. Als denkende Wesen suchen wir in Bezug auf alles, uns eingeschlossen, eine Mitte herzustellen; eine Mitte, die uns darüber beieinander hält, dass sie uns die Idee einer entsprechend einheitlichen Welt liefert – und eben nicht nur einer Vielzahl einander widersprechenden Wahrnehmungen. Zugleich „haben" wir weder uns noch die Welt, genauso wenig wie wir je in unserer Mitte „sind". Beziehungsweise: Wir sind nur soweit in ihr, wie wir nach ihr suchen.

Als dieses zu Suchende ist unsere Mitte das Äußerste, was wir überhaupt je sein und haben können. Sie ist, wie Aristoteles in seiner *Nikomachischen Ethik* darlegt, keine äußerlich-stabile – arithmetische – Mitte.[53] Sie wird weniger zwischen den Extremen als durch sie hindurch, dynamisch, ermittelt. Die Mitte stellt etwas Labiles, Flüchtiges dar, das sich im Maße seiner Selbstentfaltung wieder zu verlieren droht. Auf die Weise ist alles Lebendige seinem eigenem Lebendigsein auf der Spur, auf eine Richtung hin, die ihm einerseits, intuitiv, vorvertraut ist, anderseits allem Vorwissen entzogen bleibt. So auch zielen wir unser Inneres nicht unmittelbar an, sondern indirekt, über den Umweg eines Außen, das uns in irgendeiner Weise anspricht, und sei es negativ, darüber, dass es uns stört und abstößt.

Franz Brentano (1838–1917) – philosophischer Mentor sowohl des Gründers der Phänomenologie, Edmund Husserls (1859–1938), als auch desjenigen der Psychoanalyse, Sigmund

Freuds (1856–1939), im Wien der Jahrhundertwende – hat, nach ausgiebigen Aristoteles-Studien, mit seinem Buch *Psychologie vom empirischen Standpunkt* von 1874 den Begriff des „intentionalen Bewusstseins“ geprägt.[54] Bewusstsein ist demzufolge nie bei sich, sondern immer auf etwas außerhalb seiner selbst bezogen. Dies aber nicht auf direkte Weise, wie die Sinneswahrnehmung, sondern in Form gerade einer *Abwesenheit* von etwas. Genauso ist das Denken stets mit etwas befasst, das nicht da ist, das das Denken erst anwesend macht. Stellt unser Bewusstsein gleichsam ein starr nach außen gerichtetes Auge dar, setzt uns unser Denken auf den Inhalt unseres Bewusstseins hin in Bewegung. Wir gehen dorthinein, worauf unser Bewusstsein je schon gerichtet ist. In diesem Augenblick beginnen Innen und Außen die Seiten zu wechseln. So gehen wir, um etwas, das außerhalb von uns ist, zu verstehen, in uns, während wir im Gegenzug dem Außen unser Inneres leihen, um es zu verstehen.

Was wir mit unserem Denken vollenden, ist bereits in unserer Wahrnehmung angelegt. Beziehungsweise: Unsere Wahrnehmung ist schon eine Art Denken. Wir nehmen Äußeres, bevor wir es überhaupt zu verstehen suchen, schon mit unserem Inneren wahr. Das Entscheidende ist, wie Brentano sagt, der Akt der Wahrnehmung und weniger das wahrgenommene Etwas. Das „Was“ des Wahrzunehmenden ist im „Wie“ unserer Wahrnehmung bereits vorgegeben. Es gibt von daher auch keine „nackten“ Tatsachen, es sei denn für den Augenblick des Lidschlags selbst. Was wir außerhalb von uns wahrzunehmen meinen, ist im Moment seiner Wahrnehmung schon nicht mehr nur außen; wir haben die Nacktheit der Tatsachen je schon mit dem Wie unserer Wahrnehmung bekleidet.

Es ist das Aufstörende, Lücken Reißende, was uns überhaupt etwas wahrnehmen lässt. Einmal wahrgenommen, haben wir, was uns von außen her zu dissoziieren droht, erst einmal überstanden: Wir nehmen das von uns Wahrgenommene, analog zur Kohärenz unseres Wahrnehmungsakts, unwillkürlich als etwas Kohärentes wahr. Wir machen es sozusagen per Wahrnehmung zu diesem Kohärenten. Insofern ist der Wahrnehmungsakt, wie gesagt, schon ein Denkakt. Unsere Wahrnehmung reagiert auf etwas, was einerseits unsere Aufmerksamkeit weckt und – stört. Andererseits muss, was unsere Aufmerksamkeit affiziert und irritiert, in irgendeiner – von uns unerkannten, uns äußerlich bleibenden – Weise in Verbindung zu uns stehen. Das uns miteinander Verbindende steht seinerseits in Beziehung zu einem Ganzen, von dem wir beide – das, was uns und unsere Wahrnehmung von außen her in Anspruch nimmt, wie wir selbst, die wir uns angesprochen fühlen – Teile sind. Von daher auch kommt es, dass dieselbe Innen-Außen-Differenz, von der wir bestimmt werden, in dem Maße, wie wir sie aushalten, *uns* hält.

Brentano thematisiert die Innen-Außen-Differenz nicht explizit. In cartesianischer Manier sortiert er die ausgedehnte Welt der physischen Erscheinungen einerseits von der ausdehnungslosen Welt unserer Empfindungen und unseres Denkens andererseits. Erst in einem zweiten Schritt nähert er sich dem Differenz-Gedanken, wenn auch nur implizit und rückwärtig. Wie Gedanken und Empfindungen auf örtlich nicht fixierbare Art in uns statthaben, füllen sie doch unser Inneres komplett aus: Es gibt keinen halben Gedanken, kein halbes Gefühl; Gefühle und Gedanken sind immer Ganzheiten. Sie entstehen – wie sie auch wieder fortgehen. Sie stellen temporäre Verschmelzungen von Innen und Außen dar, Symbiosen, von denen her wir, als überwundene Zweiheit, rückwärtig eine Differenz von Innen und Außen ausmachen können.

Zu keinem Augenblick „haben“ wir die Wirklichkeit, ja, nicht einmal uns selbst. Weder in Bezug auf die äußere Realität noch auf uns selbst als in ihr Lebende verfügen wir über die Möglichkeit einer letztgültigen Erkenntnis – dafür aber über die Fähigkeit, zu lernen. Genauso wenig verfügen wir über die erste Initiative, sind wir auf voraussetzungslose Weise frei. Wir müssen uns, im Gegenteil, immer wieder neu der Wirklichkeit zuwenden, einen Schritt aus uns heraus auf sie zu machen. All dies in dem Vertrauen, dass wir allein schon kraft unseres Bewusstseins, aufgrund seiner intentionalen Gerichtetheit auf ein ihm Äußerliches, unverbrüchlich mit der Welt verbunden sind. Was zu tun bleibt, ist lediglich, unsere Verbundenheit mit ihr aktiv, auf unsere Weise, zu artikulieren. Nicht zuletzt um dieser Aktion und deren Artikulation willen denken wir. Je deutlicher uns unsere Verbundenheit wird, desto einsichtiger wird uns, dass weniger die äußere Wirklichkeit „die" Wirklichkeit ist, als dass immer schon unsere eigene Beziehung zu ihr in sie hineinspielt.

Der nächste Schritt

Denkenderweise die uns augenblicklich bestimmende Innen-Außen-Differenz durchlaufend, verspüren wir einen Schmerz. Er weist uns auf einen Mangel hin, darauf, dass wir uns nirgends sicher und angekommen fühlen können; aber auch, dass die Wirklichkeit ihrerseits nichts Endgültiges darstellt. Dem zollen wir Tribut, wenn wir uns aus uns selbst heraus bewegen – uns zu Veränderungen anhalten, noch bevor sich in der sichtbaren Welt Veränderungen abzuzeichnen beginnen. Wir reißen uns gleichsam vorzeitig von uns los, um jenem Mehr zu folgen, das wir der Möglichkeit nach schon sind, in genau dem Maße, wie wir als begehrende Wesen weg von uns drängen, dorthin, wo wir nicht schon sind. Im Zuge dieses Drängens machen wir uns unserem Bewegtwerden von etwas gleich, dessen Quelle, so sehr sie das Innerlichste unserer selbst ausmacht, uns selbst nie durchsichtig wird.

Indem wir uns die Bewegung, in die wir uns je schon versetzt finden, zu eigen machen, bewegen wir uns auf selbstbestimmte Weise *weiter*. Wir entwickeln uns aus freien Stücken. Aber wohin? In unsere eigene Mitte hinein, die wir mit uns zusammen entfalten. Dass wir sie – und uns – nicht ausentfalten können, dass immer eine Falte (in Form einer Innen-Außen-Differenz) zurückbleibt – dies macht die Mitte, die wir anzielen, zum Äußersten, das wir erreichen können.

Wir gehen aus uns heraus, um uns auf exzentrische Weise näherzukommen. Unser Denken leitet uns bei diesem Umweg. Weil wir bereits denken, ohne dass uns schon klar wäre, dass wir denken, wissen wir uns je schon in Bewegung gesetzt. Wir erleben uns auf etwas hin losgeschickt, das wir der Möglichkeit nach, aber eben noch nicht realiter sind. Um dorthin zu kommen, müssen wir uns dem anschließen, was uns hier und jetzt umgibt. Um dieses Anschlusses willen gehen wir durch die Innen-Außen-Differenz, die uns augenblicklich bestimmt, hindurch.

Wie gesagt[55], passen wir uns, wenn wir lernen, von innen her etwas uns Äußerlichem an. Dafür müssen wir es zunächst von unserem Inneren unterschieden, *in* seiner Fremdheit zu begreifen versuchen, das heißt uns selbst in Diskrepanz zu ihm sehen. Um es zu verstehen, müssen wir uns ihm von uns her nähern. Wir bringen uns an die Grenze unserer Subjektivität, versetzen uns aus eigenen Stücken in Unruhe. Im Maß dieser Unruhe verschwimmen die Grenzen von Innen und Außen, von uns als Lernenden und dem zu Lernenden. Der Moment des Verschwimmens bezeichnet einen zweifachen, gegenläufigen Übergang: Wir passen einerseits unser Inneres ans Außen an (Akkommodation), während wir das Ergebnis unserer Anpassung schon unserem Inneren, unseren mitgebrachten Fähigkeiten und Bedürfnissen, anpassen (Assimilation).

In diesem Augenblick haben wir verstanden – oder auch missverstanden. Das hängt davon ab, in welchem Verhältnis wiederum Akkommodation und Assimilation zueinander stehen. Jean Piaget zufolge wird ein Denken, in dem die Assimilation überwiegt, eher subjektivistisch-egozentrische Züge tragen.[56] Demgegenüber ist ein Denken, bei dem die Akkommodation überwiegt, mehr repräsentativ-nachahmenden Charakters. Erst darüber, dass wir Akkommodation und Assimilation, Exo- und Esoterik wiederum in ein Gleichgewicht zu bringen versuchen, werden wir im Denken Fortschritte machen, wird unser Denken für uns selber fruchtbringend.

Ein solches Streben nach dem nächsthöheren Gleichgewicht sieht Piaget zum einen in der frühkindlichen Entwicklung, zum anderen im wissenschaftlich-forschenden Denken am Werk. Alles hängt hier von unserer selbstgewählten Unruhe ab, unserer Bereitschaft zur „inneren Dezentrierung“. Sie liegt sowohl unserer Kreativität als auch unserer Fähigkeit zu Selbstabstand und Objektivität als Bedingung zugrunde. So verstanden, hält sich Erkenntnis weder nur ans Subjekt noch nur ans Objekt, sondern an deren Interaktion, daran, wie wir die uns bestimmende Innen-Außen-Differenz auszuhalten lernen. Auf ein solches Denken, das sich unablässig zwischen Subjekt und Objekt, Assimilation und Akkommodation hin- und her bewegt (Jeanne Herschs Begriff der Duplizität als exemplarischer Herangehensweise von Philosophie[57]), hat Piaget den Begriff der „inventiven Konstruktion“ gemünzt. Danach schleusen wir, wenn wir etwas erdenken, uns unmerklich selbst ins Erdachte ein, dergestalt, dass das von uns Gedachte je schon auf uns zurückwirkt und uns verändert.

Lernend weiten wir unseren inneren Spielraum inmitten des uns von außen her Bedrängenden. Wir dehnen es nach innen hin aus, indem wir, von außen angestoßen, in uns selbst eine Innen-Außen-Differenz freilegen und das Freigelegte besiedeln. Dies, paradoxerweise, umso erfolgreicher, je näher wir das, was uns bestimmt, an uns heranlassen. So erst machen wir uns dazu bereit, es überhaupt zu sehen und zu spüren. Indem wir es offenen Auges und Gespürs in unsere Nähe lassen, kontrastieren wir es bereits unserem Inneren – und umgekehrt. Wir verhindern so, dass es ungeordnet in uns eindringt, unser Inneres überschwemmt. Wir kommen selbst in der Defensive noch dem uns Bedrängenden zuvor – einfach darüber, dass wir an der Erfahrung dessen, was uns in nächster Nähe widersteht (wie wir ihm), uns selbst erleben. Das Gefühl von Identität, zu dem wir uns von außen genötigt finden, setzt in uns einen Impuls frei, nämlich nach Maßgabe dieses deutlich empfundenen Selbstgefühls den jeweils nächsten Schritt zu setzen: zu handeln, das heißt einen Ausweg aus der uns augenblicklich umklammernden Innen-Außen-Differenz zu suchen, gleichsam einen Sprung über sie hinaus zu wagen.

Wir sind uns dabei zu gleichen Teilen voraus, wie wir uns und unseren Möglichkeiten hinterherhinken. Wir verspäten uns uns selbst gegenüber in genau dem Maße unseres Uns-voraus-Seins. Mit jedem nächsten Schritt schließen wir an etwas Früheres in uns an, um es nach vorne hin zu entfalten. Den nächsten Schritt tuend, nehmen wir uns dahin mit, wo wir potenziell schon sind und worauf unser Bewusstsein bereits – wenn auch negativ, in Form einer Abwesenheit von etwas – ausgerichtet ist. Alles, was wir in unserem Leben realisieren, realisieren wir auf einerseits verzögerte, andererseits sprunghafte Weise.

Wir zehren die Möglichkeit, wir selbst zu sein, in der Zeit unseres Lebens auf. Andererseits *verschaffen* wir uns lebenslang Zeit. So sehr wir die Zeit, die uns gegeben ist, verbrauchen, so wenig erschöpft sich das Mehr, woraufhin wir in uns unterwegs sind. Es differenziert sich, im Gegenteil, nur weiter aus. Es liegt in unserer Hand, dem Unverbrauchbaren unserer selbst zu folgen oder nicht. Tun wir es, gilt umso mehr, dass wir die Herausforderung, durch die hier und jetzt gegebene Differenz von Innen und Außen hindurchzugehen, anzunehmen haben. Nur so werden wir der Diskrepanz zwischen unserem So-Sein und den in uns angelegten Möglichkeiten inne – derselben Diskrepanz, die uns überhaupt erst lernen lässt.

Die Tüchtigkeit, mit der wir nach Glück streben

Als mit Bewusstsein versehene Wesen tragen wir unser intentionales Bezogensein auf etwas Äußeres, das uns fehlt, an die sichtbare Wirklichkeit heran. Je bewusster wir dies tun, desto näher kommen wir ihr. Wir setzen uns ihrem Widerstand aus, um uns dann, in einem weiteren Schritt, ihr hinzuzufügen. Umgekehrt nehmen wir die Erfahrung des uns entgegenstehenden Wirklichen schmerzhaft in uns auf. Schmerzvermittelt lernen wir die Wirklichkeit als Widerstand gegen uns kennen, wie wir zugleich mehr und mehr ein Gefühl für ihre Veränderlichkeit – nicht zuletzt durch uns selbst – bekommen.

Unser Bewusstsein bestimmt, was wir in einer sich wandelnden Welt einerseits wahrnehmen, andererseits ignorieren. Wovon aber ist unser Bewusstsein selber ursächlich bestimmt? Wir wissen es nicht, so wenig wir die einfache Tatsache unserer eigenen Existenz voll einzuholen und zu ergründen vermögen. Wir finden uns je schon existierend vor, so wie wir uns mit Bewusstsein ausgestattet vorfinden – mit *unserem* Bewusstsein. Wir selbst sind ja dafür verantwortlich, was wir einerseits wahrnehmen, andererseits ignorieren. Wir entsprechen bei alldem jedoch nicht auf vorherbestimmte Weise unserem mitgebrachten Bewusstsein, sondern arbeiten uns an dem ab, worauf uns dieses stößt. Von dorther, im Rücklauf unseres Bewusstseins von dem Wirklichen her, worauf es bezogen ist, zu sich, reflektiert es sich *als* Bewusstsein, eben: *unser* Bewusstsein. Wir sehen uns als Bewusstsein Habende in Prozesse außerhalb von uns verwickelt, einfach darüber, dass wir von ihnen wissen.

Wenn uns, als bereits kraft unseres Bewusstseins in die Welt Verstrickte, unser Denken durchs Leben führen soll – woraufhin? Aristoteles würde sagen: in Richtung unseres Glücks. Alles, was wir tun, tun wir, offen oder verdeckt, um eines vorgestellten Glücks willen. Auch wenn wir nicht schon genau wissen, in der Regel sogar irren, worin unser Glück eigentlich besteht, hören wir doch nie damit auf, und sei es zu unserem eigenen Nachteil. So verbinden wir unser Glück nicht selten mit unseren wechselnden, bisweilen widerstreitenden Bedürfnissen, die wir an die Welt um uns herum herantragen und die uns dann in der Regel Frustration und Unglück bescheren. Wir merken: Wir können unser Glück letztlich weder von unseren Launen noch von den äußeren Verhältnissen abhängig machen. Was uns von beidem unabhängig macht, ist allein, dass wir nicht aufhören, nach Glück zu streben und uns in unserem Streben zu korrigieren – zu lernen. Aristoteles sieht die Tüchtigkeit eines Menschen denn auch weniger in den körperlichen Anstrengungen, die er verrichtet, als in dem seelischen Aufwand, mit dem er einem inneren Glücksversprechen auf der Spur bleibt.

Unter Bedingungen, dass wir im Letzten nirgendwo ankommen, nirgends ganz geborgen sind (so wie wir zu keinem Zeitpunkt über die erste Initiative über unser eigenes Leben verfügen), ist Glück gelingendes Bei-uns-Sein unter den jeweils gegebenen Umständen. Hierbei hilft, wieder, das Denken. Denkend suchen wir nach unserem Gleichgewicht, ermitteln unsere Mitte. Noch in unseren Irrtümern sind wir dieser Balance verpflichtet – und finden nicht zuletzt darüber auch wieder aus jenen heraus.

In unserem Denken geht es mithin weniger darum, abstrakt herauszufinden, was allgemein gelingendes Leben ist, als zu lernen, unter Bedingungen, die wir nicht selbst geschaffen haben, wir selbst zu sein. So wie es auch, nach Aristoteles, nicht darum gehen kann, theoretisch zu ermitteln, wie und was ein guter Mensch ist, sondern auf unsere Weise gute Menschen zu sein: zu tun und zu sein, was nur wir zu tun und zu sein vermögen.

Die Mitte, die Aristoteles anzielt, ist, wie gesagt, keine kalkulierte, objektive, sondern von uns selbst zu realisierende, subjektive Mitte. So sind wir einerseits gefährdet, von Affekten aus dem Gleichgewicht gebracht zu werden wie andererseits, abgebrüht oder sonstwie fühllos, in Selbstgerechtigkeit zu verhärten. Wie sehr oder wie wenig wir unser Glück finden, zeigt sich nicht zuletzt daran, wie gut oder schlecht wir es mit uns selbst aushalten. Es sind, um weiter mit Aristoteles zu sprechen, die Minderwertigen, die sich nicht nur in Bezug auf die anderen, sondern vor allem auf sich selber als unbeständig erweisen. Von daher auch suchen diese die Gemeinschaft der Schlechten, mit deren Hilfe sie, jeder für sich, vor sich selber fliehen.

Glück ist nicht jenseits dessen zu finden, was uns von jeher bewegt, mithin unseren mitgebrachten Neigungen und Talenten. Nicht alle Neigungen sind gut und gesund, und nicht jedes Talent entfaltet sich zur vollen Blüte. So oder so stellen sie unser Gepäck dar, mit dem wir unsere Innen-Außen-Differenzen passieren. Das Ergebnis ist so offen, wie auch unser Glück nicht schon inhaltlich vorgegeben ist. Man kann Glück womöglich nur formal fassen: als bewegte Ruhe. Glück, im Sinne solch bewegter Ruhe, ist weniger ein Zustand als ein Tun – eine, so Aristoteles, Tätigkeit der Seele. Bewegung und Ruhe in eins sind Ausdruck sowohl der Dynamik als auch des Friedens einer subjektiv verwirklichten Mitte: das Äußerste, was wir überhaupt nur anstreben können.

Die Welt erscheint; gleichzeitig tragen wir sie als Idee ans Außen heran: Ihre Einheit sichert unsere eigene – und umgekehrt. Unser Realismus ist ein innerlich erzeugter, während unser Inneres bereits von Äußerem kolonisiert ist. Objektivität und Subjektivität sind nicht entmischbar. Wir merken dies daran, dass wir uns selbst am nächsten und fernsten zugleich sind.

Der Ort, von dem wir nicht wegkommen – und bei dem wir nie ankommen

Wir haben unsere Subjektivität so wenig gewählt wie unsere Umgebung. Beides sind Wirklichkeiten, die komplementär zueinander stehen: Die Wirklichkeit hat einen subjektiven und einen objektiven Pol – so wie wir selbst. Was sagt uns dies für unser konkret zu lebendes Leben? Inwieweit hat es Konsequenzen für uns, etwa zu wissen, dass unsere Körper und der interstellare Staub dieselben chemischen Elemente aufweisen: Kohlenstoff, Stickstoff und Sauerstoff? Haben wir kraft dieses Wissens schon ein kosmisches Bewusstsein?

Wir kommen nicht umhin, unser Leben von innen her zu leben, noch dann, wenn wir uns äußeren – beispielsweise: kosmologischen – Einsichten fügen. Dennoch bekommen wir vielleicht ein gesteigertes Gefühl dafür, dass wir Menschen nichts Besonderes, dafür aber etwas Bestimmtes sind. Was bestimmt uns aber nachhaltiger als unsere Subjektivität, und dies umso mehr, als sie uns, für uns nicht merkbar, von innen her bestimmt? Genau hierin stellt unsere Subjektivität eine Wirklichkeit dar, die uns eher – woher auch immer – vorgegeben ist, als dass wir über sie wiederum subjektiv verfügen könnten.

Wenn Innen und Außen die Plätze tauschen

Als Subjekte denken und empfinden wir auf entsprechend subjektive Weise. Unsere Subjektivität ist nichts Gewolltes, keine Aktivität. Eher stellt sie eine Art Vorraum unserer selbst dar, aus dem heraus wir agieren. Auf ihn gehen wir ebenfalls zurück, wenn wir uns und unser Handeln reflektieren. Wir tun dies im seltensten Fall freiwillig. Vielmehr werden wir von außen dazu genötigt – von dem her, was uns widersteht oder zustößt. So wissen wir auch nicht schon, wer wir sind. Wir lernen uns selbst erst kennen: über den Umweg dessen, was uns einerseits direkt berührt, andererseits von außen her unsere Aufmerksamkeit bannt.

Von jeher spricht uns etwas von außen an. Sobald wir dies merken, ist es nicht mehr dort; längst hat es Platz in uns eingenommen. Sowenig wir Gewalt darüber haben, was uns draußen in seinen Bann zieht, so gefangen sind wir in unserem Berührtsein davon. Sogleich versuchen wir, aus diesem Gefängnis auszubrechen, indem wir reflexhaft auf unsere Reizung antworten, unser Gebanntsein vom Außen wieder ans Außen zurückgeben. Es ist dieser Automatismus, der uns das Paradox unserer Subjektivität vor Augen führt: dass wir uns gerade dann am nächsten sind, wenn wir auf etwas reagieren müssen, das wir nicht schon verstehen, ja, wo wir nicht einmal Zeit haben, uns selbst zu verstehen.

Was ist es, das uns immer wieder aus der Reserve lockt? Um dies zu beantworten, hätten wir den Automatismus unserer Antworten zu brechen. Wir müssten lernen, zwischen uns und unseren Initiativen zu unterscheiden. Das Ergebnis wäre jedoch nicht, dass wir endlich verstünden, wer wir sind. Unsere Aufmerksamkeit würde sich nur mehr neu ausrichten. Allmählich würden sich damit auch unsere Reaktionsweisen – wir selbst im Ganzen ändern. Wir würden dies jedoch erst nachträglich merken und auch nur vermittelt, über die jähe Veränderung unseres Umfeldes kraft unserer Sicht darauf.

Veränderungen sind, nach Aristoteles, Veränderungen von etwas zu etwas. Wenn wir Veränderungen wahrnehmen, nehmen wir Veränderungen von etwas wahr, das selbst, in seiner Substanz, nicht wahrnehmbar ist.[58] Wir beginnen, von einem Wechselndem her auf ein dennoch Wiedererkennbares zu schließen – zu denken. Hegel fasst jene nur denk-, aber nicht wahrnehmbare Substanz als Subjektivität auf.[59] Er begreift sie als Selbstsein in kosmischem Ausmaß, als lebendig-sensibles Ganzes, das sich permanent wandelt und sich eben hierüber in dem erhält, was es ist. Von dieser Subjektivität im Größten zeugt noch unsere eigene. In ähnlicher Logik begreift der britische Mathematiker und Philosoph Alfred North Whitehead (1861–1947) uns Menschen als „wirkliche Einzelwesen", die kraft ihrer Fähigkeit zur Empfindung am Wirklichkeitsganzen teilhaben. Es sind unsere Empfindungen, die uns dazu veranlassen, deren objektiven Inhalt zu ermitteln. In dem Moment, da wir eine Empfindung wahrnehmen, stehen wir sozusagen in Verantwortung ihr gegenüber, alleine darüber, dass wir sie als etwas erleben, das uns von innen her bewegt.

Whitehead geht so weit zu sagen, dass die Wirklichkeit im Ganzen aus nichts als den Empfindungen wirklicher Einzelwesen besteht. Jedem wirklichen Einzelwesen ist eine Bipolarität eigen, eine physisch-objektive und eine psychisch-subjektive Seite. Kraft dieser Zweipoligkeit ist alles mit sich selbst sowohl identisch als auch von sich selber unterschieden. Alles muss erst noch werden, was es ist. An diesem Punkt, was Ziel und Möglichkeit der Selbstbewegung der wirklichen Einzelwesen angeht, führt Whitehead seinen Begriff eines „Superjekts" ein. Es handelt sich dabei gleichsam um einen kosmologischen Gottesbegriff, eine Art göttliche

Subjektivität, welche die Bedingung der Möglichkeit dafür darstellt, dass die wirklichen Einzelwesen, indem sie aus sich heraus leben, aus einem Umfassenderen, als sie selbst sind, schöpfen. Indem wir, von Empfindungen gesteuert, sogleich Klarheit über diese Empfindungen suchen, nehmen wir unsererseits Anteil an der Kreativität des Universums.[60]

Von unserem Innersten ins Größte, Umfassendste ausgreifend, erleben wir uns selber als Wesen, die, von ihren Empfindungen durchdrungen, diese wiederum zu durchdringen versuchen. Wir merken: Etwas verändert sich innerhalb von uns. Wo und was aber ist dieses Innen? In dem Augenblick, da wir es lokalisieren oder sonstwie fixieren würden, ist es schon keines mehr. Genauso wie das, was wir im Außen wahrnehmen, aufhört, uns bloß äußerlich zu sein, sondern im Moment seines Wahrgenommenwerdens gewissermaßen in uns eingeht.

Subjekte, die wir sind, stecken wir in uns. Wir sind uns selber alternativlos gegeben. Bar jeder Wahl in Bezug auf uns selbst, regulieren wir gleichwohl aus unserem Inneren heraus unser Verhältnis zu uns und zur Welt. Als Vermittler dient uns hierbei unser Bewusstsein. Wie Franz Brentano gezeigt hat, ist unser Bewusstsein gerade durch seine Außengerichtetheit, seine „Intentionalität", bestimmt. Unser Bewusstsein ist nichts anderes als dieser innere Außenbezug – ein Gedanke, auf den Brentanos Schüler Edmund Husserl sein weitreichendes philosophisches Unternehmen einer „Phänomenologie" gründen wird. Allein schon kraft unseres Bewusstseins sind wir allesamt Mitspieler der wechselseitigen Bezogenheit von Innen und Außen. Mehr noch, wir sind in der Hoffnung Vereinte, uns übers Denken von unseren Verstrickungen zu befreien, ohne es jedoch ganz zu schaffen.

Das zeigt uns, von Mal zu Mal, ein zunächst kaum merklicher Schmerz, den wir empfinden, wenn wir, von irgendeinem Ereignis herausgefordert, uns aufgefordert sehen, das

Verhältnis von Innen und Außen an der eigenen Person zu klären. Etwa wenn wir bei der Erfüllung eines Wunschs eine seltsame Leere in uns verspüren; oder auch, wenn wir uns in jäher Erinnerung an etwas Vergangenes davon wie überschwemmt fühlen. In beiden Fällen erfahren wir, wie Innen und Außen, kaum spürbar und doch mit großer Wirkung auf unser Erleben, in uns die Plätze tauschen. So hat sich bei der Wunscherfüllung etwas, was zunächst innen war, in etwas Äußeres verwandelt, das uns irgendwie enttäuscht. In unserer Erinnerung dagegen regt sich etwas ehemals Äußeres in uns und wühlt unser Inneres auf. Wir können uns weder in der einen noch in der anderen Richtung aus der Wechselwirkung von Innen und Außen herausnehmen. Wir könnten es selbst dann nicht, wenn wir es wollten – sei es, dass wir uns ganz von der Welt abkehrten, sei es, dass wir alles daran gäben, andere als wir selbst zu sein.

Subjektivismus

In uns hineinhorchend, auf der Suche nach uns selber, weicht unsere Subjektivität unendlich vor uns zurück. Wir blicken immerfort weg von uns, noch dann, wenn wir nach innen zu schauen meinen. Wir stehen in uns selbst und bleiben uns darin verborgen; wir sind uns am nächsten und fernsten zugleich. Um ein Gefühl für uns und das, was unsere Subjektivität ausmacht, zu bekommen, müssen wir den entgegengesetzten Weg gehen. Wir müssen aus uns *heraus*gehen. Wir können uns nicht erkennen, ohne uns dabei zugleich ein wenig fremd zu werden – uns sozusagen in uns von außen sehen zu lernen. Wir kommen uns vielmehr näher, indem wir, im Gegenteil, gerade Distanz zu uns nehmen. Aus dieser Distanz heraus bekommen wir überhaupt erst unsere Bindung an uns in den Blick.

Es gehört noch zu unserer Subjektivität, diese, indem wir nach Objektivität strebten, hinter uns zu lassen. Unser Streben nach Objektivität ist ein subjektiver Akt, ein von uns ausgehender Versuch, Abstand zu uns zu finden. Üblicherweise identifiziert man mit Objektivität ein durch strikte Neutralität bestimmtes Bemühen um Erkenntnis von uns Unabhängigem. So genommen, entschwindet der sich um Objektivität Bemühte sich selbst: Er selber kommt in der Welt der Objektivität gar nicht vor. Hermann Schmitz wird nicht müde, immer wieder auf den Umstand hinzuweisen, dass es keinen Weg gibt, uns von der angestrebten Objektivität her unsere Subjektivität zu erklären.[61] Andererseits ist es sehr wohl möglich, von unserer Subjektivität ausgehend an Objektives heranzureichen. Wir tun dies bereits, so Schmitz, wenn wir eine Enttäuschung verarbeiten. Wir sind dann genötigt, uns von uns aus von etwas oder jemandem zu distanzieren, was und wer uns vordem unentbehrlich schien. Indem wir dies tun, distanzieren und neutralisieren wir etwas in uns selber, mit dem Effekt, dass uns etwas zuvor Innerliches äußerlich wird: Es rückt von uns ab und wird uns fremd. Paradoxerweise erleben wir uns vermittelst der von uns selbst initiierten Selbstentfremdung überhaupt erst als innerliche Wesen, die sich von sich her von ihrer Innerlichkeit lösen: ein Prozess personaler Emanzipation, der uns den – unendlichen – Weg zum Objektiven weist. Zu dieser Emanzipation gehört noch ihr Gegenteil, die personale Regression, dann nämlich, wenn wir uns eines stabil Bleibenden vergewissern, um hierüber die nötige Kraft zu gewinnen, unsere Verstrickungen zu klären und den Blick auf Wirkliches wieder freizubekommen.

Subjektivität und Objektivität sind mithin keine Gegen-, sondern Wechselbegriffe, analog zu dem, dass innere und äußere Wirklichkeit immer schon aneinandergeraten, wenn sie nicht in ihr jeweiliges Gegenüber hinübergleiten. Was wir draußen wahrnehmen, kommt uns aus einer Verborgenheit entgegen – einem Innen des Außen. Während wir, wenn wir innerlich Empfundenes zu artikulieren suchen, dieses uns, nachdem wir durch den Widerstand der Sprache hindurchgegangen sind, zu etwas uns Äußerlichem – eben: von Sprache Bearbeitetem – wird. Hieran denn fänden wir Abstand zu dem uns vordem noch innerlich Bedrängenden, uns in die Nähe von Sprachlosigkeit Bringenden. Erst über diesen Abstand werden wir uns überhaupt als Subjekte gewahr: Wir erfahren uns nicht nur von der äußeren Wirklichkeit unterschieden, sondern, darüber hinaus, von uns selber.

Die äußere Wirklichkeit steht uns entgegen und entzieht sich uns dabei zugleich. Es ist dies gleichermaßen Bedrängende und Fliehende, das ihre Dominanz über uns ausmacht. Wir können ihr weder ausweichen noch uns ihr einfach ergeben. Zeitlebens ringen wir mit dieser Ambiguität, verausgaben uns daran, wohlwissend, dass die äußere Wirklichkeit stets die Oberhand behalten wird. Subjektivität, in ihrem landläufigen Verständnis, ist von der Gewissheit um die eigene, prinzipielle Unterlegenheit bestimmt. In gleichem Maße begehren wir dagegen auf. Wir kontern unsere Ohnmacht mit Allmachtsvorstellungen, tagträumen uns über unsere Schwachheit und Schutzbedürftigkeit hinweg. Aus passiver Subjektivität wird offensiver Subjektivismus: Wir beginnen, unsere Angst- beziehungsweise Wunschvorstellungen auf ein Jenseits der Differenz von Innen und Außen zu projizieren. Dort aber wohnt einzig der Wahn, der uns im Rückstoß nur umso mehr der ganzen Härte der Differenz von Innen und Außen ausliefert – der Paranoia.

Jean-Jacques Rousseaus (1712–1778) autobiografische Schriften führen uns Satz für Satz das paranoide Schicksal solch ungehemmten Subjektivismus' vor Augen. Vom Anfang seiner posthum erschienenen *Bekenntnisse* an ist es Rousseau darum zu tun, sein Inneres „schonungslos", das heißt in gottgleicher Perspektive, auszubreiten. So wie er sich selbst in Gänze ausleuchten zu können meint, glaubt er, die Menschen um ihn herum ebenso komplett zu durchschauen. Und dies, paradoxerweise, bei gleichzeitig bekundetem vollkommenen Desinteresse an seiner Umgebung.[62]

Robert Spaemann (1927–2018) zufolge findet die moderne Subjektivität – im Sinne ihres Unendlichwerdens zum Subjektivismus – in Rousseaus Werk und Leben exemplarischste Darstellung, aber auch ihre deutlichste Entlarvung. Die sich entgrenzende Subjektivität offenbart sich je schon selbst als von allen guten Geistern des Maßes verlassenes Denken.[63] Dieses beraubt uns von Anfang an der Möglichkeit, etwas über uns zu lernen, ehe wir uns selber zum Opfer gefallen wären. Etwas über uns zu lernen, heißt, eigens am Umschlagspunkt von Subjektivität in Subjektivismus innezuhalten: mit den Mitteln unserer Subjektivität gegen unseren eigenen Mutwillen (und, in dessen Schlepptau, gegen unsere Resignationen) anzudenken.

Ein englischer Seefahrer entdeckt England

Ein losgelassener Subjektivismus zeigt einen zu gleichen Teilen unglücklichen Selbst- und Wirklichkeitsbezug an – halb Willkürhandeln, halb Illusion. Willkür wie Illusion setzen nicht nur eine Spaltung von Innen und Außen voraus, sondern immer wieder neu: bei der Willkür in Form eines draufgängerischen Akts, bei der Illusion als Passion der Selbstferne. In beiden Fällen weichen wir den Anlässen, zu lernen, systematisch aus. Hier wie da drücken wir uns vor dem Gebot, just an den uns bereiteten Schwierigkeiten entlang unser Selbst herauszubilden: uns gegenüber der äußeren Welt gerade darüber zu behaupten, dass wir uns auf sie einlassen. Per Lernen suchen wir, die Erfahrungen eines uns Überlegenen dahingehend zu verarbeiten, dass wir von außen induzierte Gleichgewichtsstörungen in neue Balancen der Selbstbestimmtheit überführen. Wir konfrontieren uns aus freien Stücken mit einer Übermacht, um aus eben der Erfahrung eigener Unterlegenheit den inneren Mehrwert eines Lerneffekts zu ziehen. Der Effekt bestünde darin, dass wir uns, obzwar dazu genötigt, auf selbstbestimmte Weise verändern würden.

Lernbereit, sind wir nicht schon verurteilt, an einer erfahrenen Macht zu vergehen. Was aber, wenn es sich bei dieser Macht weniger um eine im Außen identifizierbare handelt als um eine, die uns in uns selbst verstrickt, uns zugleich Täter und Opfer sein lässt? Hier dient, wieder, der Schmerz als Erkenntnisorgan. Er stößt uns auf den Widerstand einer Innen-Außen-Differenz in uns selber. Indem wir diesen Widerstand in uns gegen uns (unsere Selbstfremdheit) aushalten, sammeln wir uns schon neu an ihm – und der Schmerz geht weg: Wir gehen durch den Engpass einer uns nunmehr geläufig gewordenen Differenz von Innen und Außen hindurch. Wir schreiten auf ein sich öffnendes Drittes von beidem zu, in die Offenheit einer neu gefundenen Balance.

Wir alle führen unser Leben, mehr oder weniger bewusst, in Form solcher Durchgänge. Wir wissen dabei nie, ob wir nicht in die Irre gehen. Weil wir dies nicht im Vorhinein wissen können, müssen wir uns offen halten für die Eventualität negativer Feedbacks, die uns bremsen und zur Selbstkorrektur zwingen.

Gilbert K. Chesterton (1874–1934) ist einmal der Fantasie nachgegangen, einen Roman zu schreiben, in welchem ein englischer Seefahrer aufgrund eines Navigationsfehlers glaubt, auf eine Südsee-Insel zuzusteuern, derweil er lediglich England neu entdeckt. Chesterton zufolge wäre dieser Irrtum nicht nur nichts Lächerliches oder sonstwie Bedauerliches, sondern etwas zutiefst Beglückendes: nämlich im selben Zug die Bangigkeit vor einem Unbekannten und das Wohlgefühl einer

Heimkehr durchmachen zu dürfen.[64] Was aber korrumpiert uns mehr als unsere Sehnsüchte (wonach auch immer), was macht uns irrtumsbereiter als diese – umso mehr, wie sie uns, als unser Innerstes, verborgen bleiben? Dies macht denn auch unsere Irrtümer und Missverständnisse so aussagekräftig, gibt ihnen einen Sinn, der über die Bedeutung, die wir den Dingen und unserem eigenen Tun bewusstermaßen zumessen, hinausgeht. Eben dies markiert den von Gabriel Marcel beschriebenen Übergang von dem *Problem*, mit dem wir es mit etwas uns vermeintlich Äußerem zu tun haben, hin zu jenem *Mysterium*, wo wir uns als Teil dieses Problems erfahren, wir uns mit ihm noch verbunden wissen.[65]

Wie schon gesagt, gehört es zu unserem Subjektsein, unsere Subjektivität hinter uns lassen zu wollen und uns um Objektivität zu bemühen – uns in ein Außerhalb von uns zu versetzen, um von dorther „du" zu uns zu sagen. Dieses Außerhalb ist jedoch nichts wiederum Äußeres; es ist in uns selbst platziert: Wir sind der Abstand, den wir zu uns herstellen. Wir können uns unserer Bindung an uns nur darüber vergewissern, dass wir aus uns herausgehen, uns der Welt und damit auch uns selbst zeigen. Hegel zufolge ist – wie er in Hinblick auf Sokrates sagt – die Rückkehr des Bewusstseins zu sich, als Selbstbewusstsein, davon bestimmt, dass es aus seiner je spezifischen Subjektivität gerade heraustritt. Zu Objektivität, im Sinne eines Subjektives und Objektives umfassenden An-und-für-sich-Seienden, gelangen wir, wie er schön schreibt, einzig übers Innere dieses Heraus.[66] Notwendigerweise setzen wir uns damit der Möglichkeit einer Verirrung, wenn nicht einer Verletzung aus – sei es auch, wie bei unserem Seefahrer, dass wir bloß verlacht werden.

Konfrontiert uns unsere Subjektivität also mit einem Ort, den wir, als Vorraum unserer selbst, einerseits schon bewohnen, andererseits immer neu kennenlernen, so führt uns ein nach vorne hin losgelassener Subjektivismus ins Nirgendwo und Überall eines Jenseits von Innen und Außen. Hier flottieren unsere Wünsche und Ängste frei. Statt – schmerzvermittelt – zu lernen, einen Widerstand gegen uns (und dies nicht nur von außen her, sondern noch in uns selbst) auszuhalten und daraus gleichermaßen Demut und Ichstärke zu ziehen, überantworten wir uns unseren anästhesierenden Projektionen. Mit diesen überblenden wir einerseits unser Unterschiedensein vom Außen, derweil wir sie andererseits verabsolutieren. Alle äußeren wie inneren Widerstände missachtend, wird unser Inneres, im Rücklauf, von seinen eigenen Übertragungen heimgesucht: In derselben Heftigkeit, wie wir uns per subjektivistischer Vorwärts-Verteidigung gegen die äußere Wirklichkeit verteidigen zu müssen oder sie brechen zu können meinen, erleben wir uns als unrettbar ohnmächtig, verloren.

Darüber, dass sich unsere Subjektivität zu Subjektivismus entgrenzt, versteifen wir uns auf uns und fliehen zugleich vor uns. In dieser paradoxen Logik gleichzeitiger Selbstbehauptung und Selbstflucht machen wir noch in unserer Auflehnung gegen die uns dominierende äußere Wirklichkeit gemeinsame Sache mit ihr. Wir nehmen die uns äußere Wirklichkeit als ganze Wirklichkeit und uns selbst aus ihr heraus, auf eine Weise, mit der wir uns zugleich über sie erheben. Immer neu inszenieren wir unseren eigenen Ausschluss, um diesen dann mit einem übersteigerten Narzissmus wieder wettzumachen. Wir verlieren uns dabei auf zweifache Weise: an unsere Fixierung auf ein feindliches Außen wie an die Gewissheit, selber anders als alle und alles zu sein (auserwählt und verflucht, gleichviel), um den Preis, uns von niemandem verstanden und von allen verpönt zu fühlen – siehe Rousseau.

In unseren fixen Ideen gefangen, unser Gefangensein in ihnen aus uns heraus-, aufs Außen übertragend, glauben wir je schon alles zu wissen, während wir buchstäblich nichts wahrnehmen. Wahrnehmend, erfahren wir die Welt als *erscheinende*

– *uns* erscheinende. Das Wissen um die Erscheinungshaftigkeit der Welt und um uns selbst als sie Wahrnehmende nennt Karl Jaspers unser „Grundwissen".[67] Es ist zugleich Bedingung und Grenze unseres Wissens. Wie selbstverständlich nehmen wir dieses Grundwissen schon als ein Wissen. Wir merken nicht, wie wir, Erscheinendes wahrnehmend, es dabei bereits auslegen, ihm eine Bedeutsamkeit anheften. Sogleich hört das Erscheinende auf, uns als uns erscheinend gewärtig zu sein; es verschmilzt mit der Bedeutung, die wir ihm verliehen haben. So erst kann die erscheinende Wirklichkeit das Aussehen „der" Wirklichkeit annehmen.

Wie wir die Erscheinungen auslegen, so leben wir – so wünschen und so fürchten wir. Einmal aus dem Gleichgewicht gebracht, dazu genötigt, unseren Wirklichkeitsbegriff und das mit ihm verbundene Lebensgefühl zu hinterfragen, beginnen wir, unsere Wünsche und Befürchtungen zu überdenken. Wir versuchen, hinter den Automatismus zu kommen, mittels dessen wir wahrnehmend das Wahrgenommene schon interpretieren. Je weniger wir uns darüber Rechenschaft geben, wie und was wir wahrnehmen, desto reflexhafter nehmen wir die Wirklichkeit als „die" Wirklichkeit wahr – als äußere Wirklichkeit, von der wir uns selber ausgeschlossen sehen. Wir selbst sind es aber, die uns von ihr ausschließen. Unser trivialer (äußerlicher) Realismus verschließt uns der Idee eines umfassenderen – uns einschließenden – Wirklichen: Wir verschließen uns ihm, wie wir uns selbst gegenüber verschließen.

Weltentstehung und Selbstentzogenheit

Der triviale Realismus lebt von der Vorstellung, dass die Welt fertig zu unserer Gestaltung vorliege. „Die" Welt, im Singular, ist indes nur eine – für unsere Ichbildung notwendige – Idee, die wir selber ans Außen herantragen. Hermann Schmitz führt diese Fähigkeit auf unser Vermögen zurück, satzförmig, nach den Regeln einer Sprache zu sprechen, denen wir uns unterwerfen. Er zeigt die Genese unseres von uns her geleisteten Weltaufbaus in fünf Etappen. Zunächst wird die uns angehende, wie Schmitz schreibt, primitive Gegenwart als „Hier", als räumliche Enge, erfahren, als Andrang eines Neuen, dem wir uns klaustrophobisch ausgesetzt finden. Nächstens erleben wir das uns Bedrängende zeitförmig, als „Jetzt", das ein für uns bis dato gültiges Zeit-Raum-Kontinuum jäh zerschneidet. Drittens kristallisiert sich ein Sein heraus, das wir uns nicht – autonom – erdenken, sondern – heteronom – erleben. Ein Erleben, das uns, viertens, auf den Punkt unserer selbst bringt. Dieser stellt, nach Schmitz, unsere nicht weiter befragbare, absolute Identität dar. So dass wir, fünftens, die Absolutheit unseres Ichs in Form eines Überraschtwerdens von uns selber erfahren, gleich dem Gestelltwerden eines Wilds durch den Jäger oder des Verbrechers durch die Polizei.

Dadurch, dass uns Sprache gegeben ist, vermögen wir, uns zu den Situationen, in die wir gestellt sind, auf jene fünffältige Weise zu verhalten und eben darüber die Idee einer Welt hervorzubringen. Kraft unserer Fähigkeit, unsere Gedanken syntaktisch zu formen, strukturieren wir schlechthin alles, was wir wahrnehmen und erleben. So konstituieren wir „die" Welt als dasjenige Gesicht der Wirklichkeit, das sich unserer Beziehung zu ihr zur Antwort gibt.[68]

Unsere starre Außenfixierung hindert uns daran, uns nicht nur von diesem Außen, sondern, darüber hinaus, von uns selber unterschieden zu sehen. Wir glauben, komplementär zu unserer resignativen Abschottung gegenüber dem Außen, naiverweise direkt Kontakt mit unserem Inneren aufnehmen zu können. Auch hier meinen wir bereits zu wissen, bevor wir uns überhaupt vor die Notwendigkeit gestellt sehen, etwas zu lernen – nicht zuletzt auch über uns selbst.

Als Lernende sind wir in den Spalt von unhintergehbarem Grundwissen einerseits und veränderlichem, die Veränderlichkeit des Erscheinenden mitvollziehendem Wissen andererseits gestellt. Wir erleben, wie noch das Eigenste, Nächste über den Umweg eines Äußeren – uns Erscheinenden – zu uns kommt. Es nimmt die Gestalt einer Sache oder Person an, die uns „anspricht" und so unsere Aufmerksamkeit erregt. Darüber, dass wir, angesprochen, dem uns Ansprechenden folgen, uns dafür zu interessieren beginnen, machen wir uns zum Agenten eines Platztauschs von Innen und Außen. Wir geraten in einen Prozess der Selbstvergessenheit und Selbstvertiefung in einem; in einen Strudel, worüber wir uns in einem Zug verlieren und – verändert – wiederfinden.

Wir überlassen uns einer Bewegung, die uns zum einen trägt, zum anderen von uns fortzieht. Dieter Henrich hat hierauf den Begriff der „Selbstentzogenheit" gemünzt.[69] Dementsprechend hört unser Denken gerade in seinem Vollzug auf, „unser" Denken zu bleiben. Wir beugen uns einem zu Denkenden (Akkommodation), derweil wir es uns wiederum beugen (Assimilation). Wir kommen denkend ins Kreisen, nehmen mehr und mehr die Seitenwechsel von Innen und Außen in die eigenen Hände.

Für Whitehead wird das Universum, wie gesagt, von den Empfindungen der wirklichen Einzelwesen innerlich bestimmt und so zusammengehalten. Auf diese Art sind auch wir, auf der Suche nach dem objektiven Gehalt unserer Empfindungen, am universalen Geschehen beteiligt, und sei dies auch ohne Bewusstsein davon. Indem wir diesen Gehalt ermitteln, realisieren wir uns selbst, fügen uns als die, die wir sind, dem Ganzen hinzu. Insofern tragen wir alle Verantwortung dafür, was wir empfinden: Verantwortung gegenüber uns selbst und der Wirklichkeit, die uns umgibt. Indem wir Rechenschaft über unsere Empfindungen ablegen, beginnen wir, uns mit dem Inneren der uns bestimmenden Wirklichkeit zu verbünden. Alleine darüber, dass wir, in Ermittlung des objektiven Gehalts unserer Empfindungen, die zu werden versuchen, die wir eingestandenermaßen der Möglichkeit nach schon sind, gehen wir aus uns heraus und setzen uns umso mehr unserer Abhängigkeit von einem Umfassenderen, als wir es selber sind, aus. Dieses Umfassendere hält uns in unserem Unterschiedensein von allem, noch von uns selber. Unserer Abhängigkeit von diesem Größeren innewerdend, fühlen wir uns erst als Ich – frei.

Von unserem Denken aus uns herausgetrieben, gehen wir umso tiefer in uns hinein. Wir bringen uns in einen Abstand zu uns, der uns unserer eigenen Tiefe öffnet. Wir werden uns selber zu einem Zwischenraum, den wir fortwährend mit uns selbst überbrücken. Indem wir dies tun, haben wir am Werden des Ganzen teil – so wie wir, umgekehrt, das Werden des Ganzen an uns mitvollziehen. Derart sieht Whitehead die Kraft des Universums zu seiner Selbsterneuerung von der Selbstwerdung der vielen wirklichen Einzelwesen geleistet.

Was heißt es diesbezüglich, dass wir uns – wie der britische Wissenschaftsjournalist John Gribbin (geb. 1946) schreibt – tatsächlich (und nicht nur bildlich gesprochen) aus Sternenstaub gemacht wissen?[70] Was hilft es, die, wie er sagt, größte aller Fragen, nämlich die nach unserer Herkunft, beantwortet zu haben, wenn wir an den deutlich kleiner dimensionierten Fragen danach, wie wir leben sollen, schier verzweifeln? Wir haben, so Thomas Nagel in seinem Buch *Der Blick von nirgendwo*, noch keine kohärente Theorie von Bewusstseinswesen als materieller Geschöpfe – von Wesen, die nicht allein aus chemischen Bestandteilen zusammengesetzt sind, sondern eine eigene Perspektive auf die Welt mitbringen, inklusive des Vermögens der Selbstreflexion. Wir verstehen noch nicht, wie es kommt, dass biologisch erzeugte Systeme, wie wir sie darstellen, zugleich über Eigenschaften nichtphysikalischer, geistiger Art verfügen.[71]

Solange wir dies nicht erklären können, wird unsere Auffassung von Wirklichkeit defizient bleiben. Genauso wenig begreifen wir, wie wir Wirklichkeit als diese zu begreifen imstande sind. Wir können dies, so Friedrich Cramer, nur, weil auf beiden Seiten – der Wirklichkeit und unserer selbst – komplementäre Prozesse der Selbstorganisation am Werk sind. Hier wie dort setzt sich die Differenz von Innen und Außen fort, um die herum und aus der heraus nicht nur wir uns individuieren, sondern auch all die anderen wirklichen Einzelwesen, sei es auch, dass uns dies verschlossen bleibt. In genau diesem Sinne ist auch Materie als ideenträchtig zu lesen.[72] Allein, wir können nicht schon sagen, worin das Zusammenwirken von Geist und Materie genau besteht. Wir können lediglich, heuristisch, festhalten, dass wir zwar, um mit Maurice Merleau-Ponty zu sprechen, den Geist ohne Natur, nicht jedoch Natur ohne Geist denken können.[73]

Die dänische Dogge

So sind wir jederzeit in eine Gegenwart gestellt, die wir nicht schon überblicken. Bestenfalls merken wir nachträglich, wie uns geschieht. Unser ganzes Leben bleiben wir mit dem Überraschenden einer uns bedrängenden Gegenwart konfrontiert, die uns immer wieder neu aus dem Bestehend-Beständigen herausreißt. Etwas geht uns hier und jetzt nahe, überrascht uns, wirft uns als Aufmerkende, vom Wahrgenommenen affektiv Betroffene auf uns zurück. Hermann Schmitz gibt als ein alltägliches Beispiel hierfür das plötzliche Angerufenwerden beim eigenen Namen im Zustand verminderter Aufmerksamkeit, etwa beim Dösen. Aufgeschreckt, haben wir buchstäblich keine Zeit, uns Gedanken darüber zu machen, was und wer wir sind. Erst nachdem wir uns wieder gefangen hätten, könnten wir fortfahren, unserer alltäglichen Egozentrik zu frönen, der uns den schlichten Punkt unserer selbst träumerisch ins Unendliche extrapolieren ließe.

Jean-Jacques Rousseau berichtet in seinen unvollendeten, ebenfalls posthum erschienenen *Träumereien eines einsamen Spaziergängers*, wie ihm einmal auf einem seiner Spaziergänge eine Dänische Dogge entgegenschoss und umriss. Wieder zu sich gekommen, beschreibt Rousseau seine erste Empfindung als geradezu köstlich. Es schien ihm, als ob die Euphorie seiner wiedererlangten Daseinskraft die ganze Welt um ihn herum erfüllte, während sich in ihm eine Ruhe ausbreitete, die er als eine nie dagewesenen Freude beschreibt. Erst später, nachdem sich die verschiedensten Leute nach seinem Befinden erkundigt und ihm Hilfe angeboten hatten, wird in Rousseau die altbekannte Erregbarkeit zurückkehren. Er fängt wieder an, den anderen zu misstrauen und sich umfassenden Intrigen gegen ihn ausgesetzt zu meinen.[74]

Affektiv betroffen, machen wir sozusagen die reine Erfahrung eines Außen, ohne ihm schon eine bestimmte Bedeutung zu geben. Jäh werden wir unserer selbst als uns entzogene Wesen inne. Unvermittelt schlagen wir auf die jeweilige Grundform unseres Erlebens und Denkens auf – unserem Mix aus eingeübten Reaktionsmustern, fixen Ideen und unseren uns selbst nicht immer erklärlichen Talenten. Wir erleben uns als Altbekannte, die von dem her, was ihnen passiert, gezwungen werden, sich immer wieder aufs Neue kennenzulernen. Wir begegnen uns über die Welt, die wir selber konstituieren – wenn wir, in Situationen befangen, aus diesen denkend-sprechend heraustreten. Wir interpretieren, was uns geschieht, und ordnen so unwillkürlich einzelne Elemente der uns augenblicklich umschließenden Situationen auf eigenständige Weise um. Wir tun dies nach Maßgabe des bisher Erlebten und für unsere Zukunft Erhofften beziehungsweise Befürchteten. Auf die Art bildet sich das Gesicht der Welt als Pendant unserer Subjektivität heraus. Hier zeigt sich denn die ganze Schwere unserer Verantwortung gegenüber unserem eigenen Lebensgefühl.

Alles – die Wirklichkeit wie wir selbst – ist aus Innerem und Äußerem undurchschaubar zusammengefügt, und zwar dynamisch, im ständigen Wechsel der Seiten. Weder sind wir von der Wirklichkeit getrennt noch je mit ihr eins. Wir sind dies ja nicht einmal mit uns. Eher behindern wir uns selber. Es ist die vornehme Aufgabe unseres Denkens, uns selbst aus „dem Weg zu nehmen“, auf dass wir lernen, Abstand zu uns herzustellen. Ein Abstand, der uns überdies den Ort, an dem wir uns je schon aufhalten, stets neu entdecken lässt. Wobei wir letztlich, im Maße dieser Entdeckungen, auch lernen, Frieden mit uns selbst – unserer eigenen inneren Unerreichbarkeit – zu schließen.

Teil III

Im Schmerz, als erfahrener Entzweiung, sieht Hegel unser Bedürfnis nach Philosophie begründet. Je größer Hegels spekulativer Ertrag im Verfolg dieser Entzweiung – Negativität – wird, desto unempfindlicher erweist er sich gegenüber dem realen Schmerz realer Menschen in deren realer Geschichte.

Denken und Schmerz

Wir fliehen und suchen den Schmerz zugleich. Wenn wir auch versuchen, ihm aus dem Weg zu gehen, kommen wir doch nicht umhin, uns von ihm über unsere seelisch-leibliche Verfasstheit informieren zu lassen. So sehr wir ihn betäuben können (und bisweilen müssen), so wenig können wir seine Unausweichlichkeit aus der Welt schaffen: die Begegnung mit dem Außen noch in uns selbst.

Der Schmerz arbeitet in uns gegen uns; indem er uns aus uns heraustreibt, wirft er uns umso mehr auf uns zurück. Der US-amerikanische Kulturwissenschaftler David Morris sieht im Schmerz unser aller subjektive Erfahrung begründet, ja, den Archetypus von Subjektivität.[75] Diese charakterisiert eine Person darüber, dass sie sich, auf eine Bedrohung ihrer Ganzheit von außen, selbst zur Antwort gibt. Umgekehrt erfahren wir uns in unserem Subjektsein erst über diesen Widerstand. So verstanden, besteht die Leistung unserer Subjektivität weniger darin, uns frei kundzutun als vielmehr uns im Innersten an einem uns fremd Bleibenden abzuarbeiten und uns daran erst selbst auszudrücken.

Liegt hierin der „Sinn“ von Schmerz? Was, wenn wir, indem wir die Konfrontation mit etwas, das unendlich stärker ist als wir selbst, mit Sinn versehen, uns selber negieren? Wenn wir im Versuch, zu „verstehen“, gemeinsame Sache just mit dem machen, woran alles Verstehen zuschanden kommt? Fragen, die nicht zuletzt ein Schlaglicht auf die vielleicht grandioseste Philosophie der Subjektivität, nämlich diejenige Hegels, wirft; auf eine Philosophie, die, wie kaum eine zweite, Reflexion von Schmerz ist – die dennoch (beziehungsweise gerade darin) unserem Subjektsein Gewalt antut.

Die Entzweiung und das Absolute

Es ist die Erfahrung von Entzweiung, die, wie Hegel in seiner *Differenz des Fichteschen und Schellingschen Systems der Philosophie* von 1801 schreibt, zum einen unsere Subjektivität ausmacht, zum anderen unser Bedürfnis nach Philosophie weckt.[76] So passieren wir denkend jenen Spalt zwischen Innen und Außen, der unser spezifisches Lebensgefühl ausmacht, noch bevor wir überhaupt dazu kommen, unser Leben als unseres zu leben. Mag sich die Differenz von Innen und Außen, Eigenem und Fremdem bei jeder und jedem anders gestalten, so ist uns doch allen die Erfahrung dieser Differenz als solche geläufig. Wir absolvieren sie auf geradezu schlafwandlerische Weise, etwa wenn wir, während wir äußerlich Gegebenes hinterfragen, uns im selben Augenblick unseres eigenen Fühlens und Denkens vergewissern. Wir wechseln unaufhörlich von der einen auf die andere Seite, nur um nicht aus jener Balance zu kommen, die nun einmal unser Lebensgefühl bestimmt.

Allem Dualismus zum Trotz haben wir ein untrügliches Gespür fürs Ganze. Wir entwickeln es, merkwürdig genug, an eben der Stelle, wo wir dieses Ganzen entbehren. Hegel nennt es „das Absolute" – die Erfahrung, dass das Ziel, wonach wir suchen, in uns bereits anwesend ist. Wir besitzen, so undeutlich auch immer, bereits einen Begriff von ihm, der uns überhaupt in den Stand versetzt, nach Ganzheit zu streben. Gemäß diesem Begriff erleben wir in allem, was wir mit unseren fünf Sinnen vorfinden, nur Abweichungen von jenem Absoluten. Aufgabe der Philosophie ist es nun, die vorgefundenen Diskrepanzen aus unserem hintergründig mitlaufenden Gefühl fürs Ganze heraus reflexiv zu begradigen. Um dies leisten zu können, muss unser Denken jedoch durch die erfahrene Zerrissenheit hindurch: eine sich hier und jetzt auftuende Innen-Außen-Differenz reflektieren. An dieser Differenz hat unser Bewusstsein selber teil, insofern es einerseits Bewusstsein eines Gegenstandes – eines *Außersich* – ist, andererseits dabei ein Bewusstsein seiner selbst – ein *Für-sich* – hat.

Kraft unseres gedoppelten Bewusstseins partizipieren wir an einem über die bloße Entgegensetzung von Subjektivem und Objektivem, Innen und Außen hinausgehenden Vermittlungsgeschehen. Mithin sind wir weder je ganz bei den Sachen noch komplett bei uns selbst beziehungsweise immer irgendwie auf beiden Seiten. Zwischen dem Außer-uns und Für-uns fällt immer neu der Schatten unseres Abstands zur Welt wie zu uns selbst. Denkend suchen wir diesen zweifachen Abstand auf eine Nähe zu ermäßigen, die uns in Fühlung mit beidem hält. Permanent haben wir mit einer Lücke zu schaffen, die uns zum Denken bringt, derweil wir sie mittels unseres Denkens bereits zu schließen versuchen. So verstanden, ist Denken weniger eine selbstgenügsame Tätigkeit als vielmehr autonomer Nachvollzug seines fremdbestimmten Veranlasstwerdens: Wir denken, um eine Gleichgewichtsstörung, die wir von außen erfahren, innerlich auszugleichen.

Wir spüren, wie wir von etwas bewegt werden, um es sogleich zu einem Moment unserer Selbstbewegung zu machen. Geleitet von unserem Denken, das unsere Selbstbewegung anführt, beginnen wir, unser Leben eigenständig zu führen. Dabei erleben wir uns erst recht als uns Verspätende. Und dies nicht nur gegenüber der äußeren Wirklichkeit, die schon vor uns da ist (und auch nach uns da sein wird), sondern noch in Bezug auf uns und unser Denken. Hegel beschreibt in seiner späten *Enzyklopädie der philosophischen Wissenschaften* unser Denken als einen in sich zurücklaufenden Kreis, der seinen Anfang immer nur vom Ende her findet, derart, dass das denkende Selbst, während es aus sich heraus, zu den Sachen strebt, umso mehr in sich hineingeht.[77] Aufs Andere seiner selbst hin orientiert, versenkt es sich, so Hegel vordem in der *Phänomenologie des Geistes* von 1807, in seine eigene Substanz.[78] „Substanz“ meint hier keinen irgend vorgegebenen Inhalt, sondern die Unterschiedenheit des Subjekts von sich selbst, derer es im Zuge seiner reflektorischen Expeditionen innewird. Hegel nennt es „Negativität“ – eine Art Grund-Unruhe, aus der heraus wir unser Leben und unsere Freiheit haben. Wobei dies Haben, dialektisch, zugleich ein Nicht-Haben ist, ein Sich-selbst-Entgleiten wie Sich-selbst-Wiederfinden. Wir gelangen nirgendwohin, während wir uns und unser Denken immer neu durchlaufen. Wir lernen uns gleichsam selber unendlich kennen, um zugleich unser Wissen um unsere Selbstunterscheidung zu vertiefen.

Damit verflüssigt sich unser Begriff von Wissen selbst. Wissen wird zum Wissen um die Grenze allen Wissens, gleichzeitig aber auch um deren Verschiebbarkeit. Diese Verschiebung bewirkt unser Denken an unserem eigenen Wissen. Nicht nur, dass unser Denken weder bloß die äußere Wirklichkeit einerseits noch unsere inneren Einstellungen andererseits widerspiegelt; es stellt einen Akt der Selbstentäußerung dar, worüber wir uns der Wirklichkeit hinzufügen. Und dies in der gegenläufigen Form einer von uns aktiv betriebenen Selbstentleerung. Wir opfern uns als Denkende dem zu Denkenden. Damit treten wir, wiederum in entgegengesetzter Richtung, in einen Prozess ein, durch den wir, über den Umweg der Konfrontation mit etwas, von dem wir uns getrennt erleben, zu uns selbst kämen.

Die gegen uns gewendete Negativität

Wenn wir denken, nehmen wir Abstand von uns, um in einem nächsten Schritt diesen Abstand noch als zu uns gehörig zu erfahren. So überantworten wir uns der Bewegung des Begriffs als einem sich herausbildenden Dritten von Innen und Außen, Für-uns und Außer-uns. Wir machen uns per Denken mit etwas gleich, das uns widersteht. Mit dem Augenblick, da wir etwas, das wir nicht schon selber sind, verstanden haben, haben wir uns mittels unseres Verstehens verändert – hat *dieses* uns verändert. Zugleich bleiben wir bei aller Veränderung wir selbst. Mehr noch, wir bekommen einen umso deutlicheren – differenzierteren – Begriff von uns, je besser es uns gelingt, uns sowohl von unserem fixiert-fixierenden „Ich“ als auch von dem entsprechend festen Bild „der“ Welt freizumachen.

Als mit Bewusstsein ausgestattete Wesen erleben wir uns als Platzhalter für etwas, das außerhalb von uns liegt. Was uns dieses Außerhalb aufsuchen lässt, muss etwas sein, zu dem wir in einer für uns nicht schon durchsichtigen Weise in Verbindung stehen. Erst nachträglich, per Nachdenken, wird sie uns offensichtlich. Über den Umweg dieser Verbindung kommen wir überhaupt erst in ein Verhältnis zu uns. Es ist unser Verhältnis zur Welt, das wir ausdrücken, wenn wir uns ausdrücken – und umgekehrt. So stellt auch unser Selbstausdruck an sich selber einen Umweg dar: Währenddessen wir Inneres ausdrücken, nehmen wir uns selbst bereits, wie von außen, als um Ausdruck Bemühte wahr (was uns nicht selten irritiert, mithin unseren Selbstausdruck erschwert).

Wir sind uns selbst voraus, merken dies aber erst im Nachhinein. Wir spüren, dass sich in uns soeben etwas umgeschrieben hat. Ins Prospektive gewendet, gehen wir in keiner Selbstzuschreibung auf, wie ja auch die Welt um uns herum nie die gleiche bleibt. Allein, wir kommen weder von unserer Bindung an sie noch an uns los. Ohne den Umweg einer Sache, der wir denkend nachgehen, kämen wir nicht nur nicht zur Welt, sondern uns selbst abhanden. Nirgends finden wir unmittelbaren Halt. Wir finden ihn erst per Reflexion, darüber, dass wir eine empfundene Lücke via Nachdenken schließen. Wir werden von etwas, das uns fehlt, zum Denken gebracht. Wir *wissen*, dass es uns fehlt – kraft des Hegel'schen Absoluten, in dessen Kraftfeld wir stehen. Aus ihm heraus gleichen wir ein Zuwenig durch ein Zuviel, einen Mangel durch eine Sehnsucht aus. Die Empfindung des einen treibt uns zum anderen – und wieder zurück. Mit dem Ergebnis, dass wir nie vollkommen im Gleichgewicht sind, es gleichwohl permanent suchen.

Indem wir uns einem Außen öffnen, werden wir uns dem Bewusstsein unseres eigenen Unabgeschlossenseins zurückgegeben. So sehr der Einzelne, umgekehrt, in der empfundenen Differenz seines Inneren zur äußeren Welt verharrt, verkapselt er sein Inneres und verhärtet sich insgesamt als Person. Dabei bleibt er hinter den Möglichkeiten seiner eigenen Subjektivität zurück: Sein Selbst büßt mit dem Verlust seiner Offenheit seine Integrationskraft ein und erkrankt. Krankheit entsteht, so Hegel, wo ein Organismus nicht mehr imstande ist, aus sich selbst heraus Besitz von seiner Selbstunterschiedenheit zu ergreifen; wo wir versäumen, die in allem – auch in uns selbst – wirkende Negativität zum Anlass von Selbstbewegung und Selbstbestimmung zu nehmen. Stattdessen greift die Negativität auf unser Inneres über, trennt uns in uns von uns. In der Krankheit tritt uns die Negativität als uns abhanden gekommene Potenz, in uns aus uns herauszutreten, in Gestalt von Selbstfremdheit entgegen. Das einfache Vorkommnis von Krankheit zeigt uns, dass wir als Lebewesen nicht schon auf der Höhe unseres Lebendigseins sind – dass das Leben weniger ein aussagbares Sein als ein flüssig-brüchiges Werden ist, das sich in dem Moment, da es sich mit uns vollzieht, uns entzieht.

Deutung eines Widerstands

Wenn wir denken, partizipieren wir an diesem Werden. Indem unser Denken die uns augenblicklich bestimmende Innen-Außen-Differenz durchläuft, folgt es den unabsehbaren Seitenwechseln von Innen und Außen. Wir bemerken den Seitenwechsel als eine uns betreffende Veränderung – als Schmerz: sei es, dass ein ehedem Verborgenes in Erscheinung tritt, sei es, dass wir etwas oder jemand Sichergeglaubtes verlieren. Den dadurch ausgelösten Schmerz aushaltend, lässt dieser uns inmitten der Veränderung, die wir erleiden, noch „bei uns" sein.

Erinnern wir uns: Erst mit der Erfahrung von Entzweiung entsteht bei uns, Hegel zufolge, ein Bedürfnis nach Philosophie. Urplötzlich finden wir in uns den Wunsch vor, von uns her aus der Umklammerung durch eine unveränderlich scheinende äußere Wirklichkeit einerseits und unsere verhärteten inneren Einstellungen andererseits auszubrechen: auf eine Freiheit hin, die zu bringen Philosophie verspricht. Um dieses Ausbruchs willen gehen wir in die Entzweiung hinein, um in ihr ein sie Überbrückendes zu ermitteln. So sehr uns ein Schmerz zum Denken bringt, so wenig können wir für den Moment des Schmerzes selbst irgendeinen Gedanken fassen. Was uns zeigt, dass wir nicht freiwillig denken – dass, was uns zum Denken bringt, wir per Denken nie ganz einzuholen vermögen.

Ein uns zu zerreißen drohender Schmerz setzt uns, über seine punktuelle Empfindung hinaus, der Erfahrung einer Selbstentfremdung aus, die wir, ins Positive gewendet, als Versprechen unserer eigenen Veränderlichkeit nehmen können.

Wir erleben uns, anhand eines Widerstands gegen uns, auf neue Weise. Diesen Widerstand gilt es zu deuten, ihm eine Sprache zu geben. In dem Maße, wie wir den Schmerz als einen Widersacher gegen unsere Integrität in nächster, innerster Nähe erleben, schreit er geradezu nach Deutung und Versprachlichung durch uns. Nur so kommen wir potenziell ans Dahinter des uns Treffenden. Denkend verbinden wir uns mit dessen Deutung, um von dorther unser Selbstverhältnis neu zu justieren.

Angesichts der Frage, wie es sein kann, dass Unschuldige leiden müssen, geraten wir an die Grenze unseres Deutungsvermögens. Eben hierin sieht der britische Schriftsteller und Laientheologe Clive Staples Lewis (1899–1963) das Problem des Schmerzes auf eine Formel gebracht: dass uns die Grenzen unseres Verstehenkönnens vor Augen geführt werden; Grenzen, die uns auf den Umstand verweisen, dass wir nie zum Leben und zu uns selbst aufschließen; dass wir uns nicht selbst geschaffen haben; dass eine unendliche Differenz zwischen uns und unserem Schöpfer besteht, die nicht einmal die Vorstellung seiner Allmacht zu überbrücken vermag. Denn, wie könne ein allmächtiger Schöpfer zulassen, dass seine Geschöpfe unglücklich sind?[79] Wir finden uns als die vor, die wir nun einmal sind. Wir sind uns auf eine Weise gegeben, wonach wir einerseits als Geschöpfe überdeterminiert sind, während wir andererseits frei, selbstständig und vernunftgeleitet unser Leben zu leben haben.

Können wir, in derselben Logik, akuten Schmerzen noch die Funktion zuweisen, uns innerhalb unserer Lebensführung zu warnen und uns vor Schlimmerem zu bewahren, so lehren uns chronische Schmerzen, mit den Worten David Morris', die Hölle selbst. In diesem radikalen Sinne verweist uns Schmerz auf unser prinzipielles Verlassensein. Und doch sind wir wundersamerweise in der Lage, uns in allem Getrenntsein vom Ganzen mit diesem verbunden zu wissen.

Aus dieser Verbundenheit heraus ringen wir selbst einer offensichtlichen Sinnlosigkeit Sinn ab. Unser Sinn für Sinn entspringt einer Bedürftigkeit nach ihm, die wir uns nicht zu erklären vermögen, ohne überhaupt an die heteronomen Bedingungen unserer Existenz zu rühren.

Der preisgegebene Spielraum

Wir können, nach Hegel, die Einheit des Wirklichen nie direkt, sondern immer nur über den Umweg des Auseinandertretens seiner Begriffsmomente erfahren – mit unseren Worten: in der Passage der Innen-Außen-Differenz, in die alles Wirkliche, uns eingeschlossen, gestellt ist. Unser eigenes Denken enthält bereits, als Zweifel und Selbstzweifel, dies Moment des Auseinandertretens. Gleichzeitig können wir uns nicht von unserer Sehnsucht nach etwas Absolutem, Komplettem, Harmonischem freimachen. Wir kommen zum Ersehnten, wenn überhaupt, nur darüber, dass wir die Erfahrung der Entzweiung auf uns nehmen, ja, in uns hineinnehmen.

Wir müssen die gewünschte Einheit, wie gesagt, am Ort ihrer Entbehrung suchen. Nicht nur, dass die materielle Welt uns dabei Widerstand leistet; sie hält sich, so Hegel, noch gegen sich selbst auseinander. Er führt das schöne Beispiel der Pflanze an, deren Zentrum sich in die Peripherie ergießt, indem sie sich im Hervorbringen ihrer Knospe einerseits von sich selber unterscheidet, sich andererseits darüber als sie selbst entfaltet. Auf die Art wirkt der Geist in der Natur, indem er alles Äußerliche auf (s)ein inneres Prinzip zurückführt. Darüber, dass wir es dem Geist gleichtun, erweisen wir uns als Subjekte. Nur als solche sind wir frei, in uns Abstand von der äußeren Wirklichkeit zu nehmen, wozu noch unser eigenes So-Sein gehört. Zugleich erfahren wir, wie das vor unseren Augen Entzweite auf unvordenkliche Weise zusammengehalten ist. Wir selbst halten uns aus dieser Kraft zusammen: Wir könnten nicht „ich" sagen, hätten wir – schon in uns selbst – kein Gegenüber in einem Du und keinen Widerstand an der äußeren Wirklichkeit, von der wir uns unterscheiden und zugleich *in* unserer Unterscheidung verbunden wissen.

Ebendiese Einsicht konstituiert, nach Hegel, unser religiöses Bewusstsein. An ihm finden wir zugleich das Vorbild unserer Freiheit. Paradoxerweise erfahren wir sie gerade dort, wo wir uns begrenzt und beschnitten erleben – als *innere* Freiheit. Dies erklärt auch, warum wir um unserer Freiheit willen reale Unfreiheit auf uns zu nehmen bereit sind. Innerlich frei, erweisen wir uns als Agenten jener überall, innen wie außen, wirkenden Negativität. Sie ist es, die uns dazu befähigt, uns von allem, auch von uns selbst, zu lösen. Eine Fähigkeit, die wir mit Schmerzbereitschaft bezahlen: einzusehen, dass nichts bleibt, wie es ist; dass wir freie und geistige Wesen nur um den Preis des Bewusstseins unserer anfänglichen und letztlichen Verlassenheit sind. Die Negativität, um die wir als Ferment der Veränderlichkeit von allem wissen, bekommen wir auch an uns selber zu spüren: wenn wir merken, dass wir, statt ein eigenes festes Sein zu haben, permanent aus uns herausgerissen werden.

Indem wir diesem Herausgerissenwerden folgen, erfahren wir – statt bloß auf uns selbst zu beharren und aus dieser Selbstbehauptung heraus unsere Freiheit zu wollen – unsere Freiheit als „im Anderen errungene Unabhängigkeit vom Anderen"[80]. Für diese Unabhängigkeit sind wir bereit, Schmerz auf uns zu nehmen. Dieser wird uns dann weniger von außen zugefügt, als dass wir ihn selbst in uns auslösen, sobald wir uns aus eigenen Stücken unserer Unterschiedenheit vom Außen aussetzen. Indem wir beginnen, die Innen-Außen-Differenz als diese auszuhalten, erfahren wir uns, umgekehrt, von ihr gehalten: Wir erweitern innerlich den Spielraum, den wir draußen ermittelt haben.

Just an diesem Punkt beginnt Hegel seine Deutung des Schmerzes auf eine Weise zu überdehnen, die seine reale Erfahrung herabwürdigt. Seine Herabsetzung vollzieht sich in Form einer heilsgeschichtlichen Überhöhung nach Maßgabe der Kreuzigung Christi. Hegel interpretiert die sich im Denken ereignende Einheit von (unendlichem) Schmerz und (reinem) Begriff, absolutem Leiden und absoluter Freiheit als „spekulativen Karfreitag".[81] Er heiligt das Denken zu einem Gottesdienst, in dem der Tod je schon als Auferstehung gefeiert wird. Damit gibt Hegel den bescheidenen Spielraum preis, den er uns eben noch finden ließ. Derweil degradiert er den Schmerz zur bloßen Übergangsphase vom „unglücklichen" zum „glücklichen" Bewusstsein.

Wo sich das glückliche Bewusstsein dem göttlichen Geschehen teilhaftig geworden meint, denke der in seinem unglücklichen Bewusstsein Befangene lediglich auf diese Teilhabe *hin*. Er leistet, so Hegel, bloße Andacht, ohne zum reinen Begriff zu gelangen, in welchem Denken und zu Denkendes eins würden. Seiner vereinzelt bleibenden Subjektivität verhaftet, entzweie sich das Denken des Einzelnen mit sich selbst und empfinde Schmerz. Statt sich einer kosmischen Über-Wirklichkeit zu überantworten, setze er sich skeptisch seiner vorfindlichen Realität entgegen. An dieser Entgegensetzung erlebt das unglückliche Bewusstsein seinen Antrieb und sein Ende zugleich; es findet sich, so Hegels Verdikt, lediglich als begehrend und arbeitend, nie aber mit sich und der Wirklichkeit versöhnt vor.

Die Postmoderne des Schmerzes

Genau das ist die Frage: Kommen wir per Nachdenken je zu einem Begriff, der Sein und Negativität, Wirklichkeit und Werden vereint? Selbst wenn uns dies gelänge, würden wir nicht dennoch immer neu auf die Innen-Außen-Differenz, in der wir stehen, zurückgeworfen? Hegel sieht den Grund allen Übels darin, dass in unserem Leben Sein und Sollen – eben: Innen und Außen – auseinanderklaffen. Schmerz ist ihm ein Indiz dieser Kluft, in christlicher Lesart die Ursünde schlechthin. Hegel geht, im Umkehrschluss, dahin, in der Aufopferung unserer individuellen Existenz via Spekulation einen Selbstvollzug jener Negativität zu erblicken, worüber wir gleichsam die uns zugedachte Himmelfahrt erleben. Die Folie hierfür bietet wiederum Jesu Tod am Kreuz. Hier, in dessen unendlichem Schmerz, realisiert sich, so Hegel, die Ewigkeit des Geistes in Form göttlicher Ruhe. Diese Ruhe sei der Prozess des Todes selbst, worin der Geist zu sich selbst käme – wo Subjektivität und Allgemeines, sich gegenseitig affirmierend, zusammenfielen.

Dieser Logik gemäß sieht Hegel in seinen posthum erschienenen *Vorlesungen über die Ästhetik* in den Märtyrern „Bewahrer des Göttlichen", die um „des Himmelsreiches willen ... Schmerz und Tod"[82] erdulden. Sie sind die Gegenzeugen aller bloß skeptischen, mithin krankmachenden Selbstbewahrung. Wobei die Märtyrer zwar nicht schon als „gesund" gelten können, deren Innerlichkeit gleichwohl vom Schmerz in Richtung einer neuen, höheren Gesundheit „durchgearbeitet"[83] ist.

Hier sei ein Zeitsprung erlaubt. In ihren mit *Der Schmerz* überschriebenen autobiografischen Notizen berichtet die französische Schriftstellerin Marguerite Duras (1914–1996) von der Rückkehr ihres von Erschöpfung und Hunger gezeichneten Mannes aus dem KZ Dachau.[84] Er, Robert Antelme (1917–1990), wird ein Jahr später in seinem Buch *Das*

Menschengeschlecht beschreiben, wie in den Lagern der Tod nicht nur jede Transzendenz verlor, sondern das schiere Überleben eine theologische Dimension bekam. Danach wurde selbst dem gläubigen Christen auferlegt, Gott mit dem eigenen Leib zu vertreten, um später erst wieder, wenn er die Torturen überlebt haben würde, in die Unterwerfung unter dessen Gesetz zurückzukehren. Fern aller Auferstehungsseligkeit triumphierten die Gefangenen als eben der Abfall, zu dem sie gemacht wurden – einfach darüber, dass sie die Gräuel überstanden.[85]

Hegel konnte in nichts erahnen, dass die „Schädelstätte des Geistes"[86], als welche er die Passionsgeschichte Christi schaurig-romantisch ins Bild setzte, profane Wirklichkeit werden konnte. Gleichwohl ist und bleibt Hegel darin, dass er den Schmerz in eins überhöht und verharmlost, ein typischer Vertreter der Moderne. Überhöhung und Verharmlosung sind beides Fremddeutungen des Schmerzes, mit denen sich die Moderne in ihrem Fortschrittsnarrativ über diesen hinwegsetzt. Demgegenüber ist mit David Morris für eine Postmoderne des Schmerzes zu plädieren. Wo dieser vordem in eine heilsgeschichtliche Meta-Erzählung eingepasst wurde, sollte jede und jeder ihn in die eigene Deutungsverantwortung übernehmen. Indem wir ihn, von ihm zum Denken gebracht, zu einem Moment der Konfrontation mit dem eigenen Leben machen, geben wir uns die Ehre, uns alle in derselben Ratlosigkeit vereint zu wissen.

Wenn wir denken, sind wir zugleich auf Seiten von uns Denkenden wie des von uns zu Denkenden. Denkend setzen wir etwas Denkbares außerhalb von uns voraus: und uns in es hinein. Was uns hier einerseits Teilhabe sichert, hält uns dort für Irrtümer anfällig. Ist Verwirrung der Preis dafür, in Berührung mit Wirklichem zu geraten? Ist womöglich unser Bedürfnis nach richtigem Denken nur ein Vorwand dafür, den Kontakt zur Wirklichkeit abzubrechen?

Was heißt: richtig denken?

Wir denken, um zu verstehen. Wir versuchen zu verstehen, um handeln zu können, ohne über die Folgen unseres Handelns erschreckt sein zu müssen. Verstehen wir aber, wenn wir etwas verstehen, schon uns selbst? Kommen wir auf das nach Jeanne Hersch Besondere von Philosophie zurück: Sie ist gleichermaßen auf Seiten des denkenden Subjekts und des zu denkenden Objekts.[87] Wenn wir denken, reflektieren wir nicht nur eine Sache, sondern unsere Beziehung zu ihr – sowie, über den Umweg unserer Beziehung zu dieser Sache, unsere Beziehung zu uns selbst.

Was unser Verhältnis zur Welt wie zu unserer eigenen Person angeht, so kommen wir weder bei ihr noch bei uns je „an". Gemäß der von Jeanne Hersch beschriebenen Gedoppeltheit der philosophischen Herangehensweise lassen wir uns in der Innen-Außen-Differenz, die uns bestimmt, nieder – dort, wo sich unser Welt- und Selbstbezug kreuzen. Denkenderweise spielen wir beides auf eine noch zu findende Mitte hin durch, wo wir, durch unser Unterschiedensein von der Welt und uns selbst hindurch, unser Verbundensein mit allem in eins mit unserem Getrenntbleiben von allem erproben.

Wenn es darum geht, uns unser Verhältnis zur Welt und zu uns selbst über das jeweils Andere zu erklären, was heißt da, „richtig" beziehungsweise „falsch" zu denken anderes, als unsere Balance entweder zu finden oder sie zu verlieren? Die Deutungen unseres Welt- und Selbstverhältnisses wirken noch auf uns selbst zurück; sie können unserem Verhältnis zu beidem wiederum zu- oder abträglich sein. Vor dem Hintergrund solcher Rückwirkung unserer Gedanken auf uns Denkende gehört die Vorstellung eines Richtigen eigens überdacht: Was nämlich, wenn gerade sie uns daran hindert, das für diesen Moment Richtige zu sagen und zu tun?

Richtig denken wollend, bringen wir bereits die Idee von einem Richtigen mit, woran wir unser Denken messen zu können glauben. Bezeichnet Denken nicht aber genau das Gegenteil: eine Öffnung – die Bereitschaft, uns generell von Vorstellungen, seien sie noch so ideal, zu lösen?

Starrheit und Störung

Etwas berührt uns, versetzt uns in Unruhe – solange, bis wir es begriffen haben. Mit dem Begreifen hat das Denken an sein Ziel gefunden: den Begriff. Wir haben zu einem Gedanken gefunden, den wir nunmehr „haben". Das Haben eines Gedankens stabilisiert uns. Allein, unsere Stabilität ist nicht von Dauer. Das registrieren wir anhand der Starrheit, in die wir nolens volens geraten. Wie wir nämlich einen Gedanken haben, hat er uns; wie er uns hält, hält er uns fest. Im Maße unserer Erstarrung werden wir, paradoxerweise, immer unruhiger: Wir finden uns an Anschauungen und Einstellungen gebunden vor, die uns, wie wir spüren, an unserem Fortgang hindern beziehungsweise in die falsche Richtung laufen lassen. Bevor uns dies direkt aufgeht, wähnen wir uns von außen gestört, sind insgesamt reizbar. Uns wird noch nicht deutlich, inwieweit das Verhältnis von Innen und Außen, wie es sich in unserem Denken abbildet, im Ganzen gestört sein könnte. Dessen einmal innegeworden, beginnen wir, unser Denken zu überdenken: gehen der erlebten Störung nach, um dann, uns nach innen kehrend, unserem Gespür für die gebotene eigene Veränderung zu folgen und, lernenderweise, in uns den Weg dafür freizumachen.

Aber auch hier kommen wir zu keinem letztgültigen Gedanken, der uns davor bewahrte, neuerlich in Unruhe zu geraten. Im Gegenteil, die Unruhe ist Teil unseres Denkens, ein Moment seines Antriebs. So sehr uns unser Denken ein Verstehen der Wirklichkeit und darüber unserer selbst liefern soll, braucht es die bleibende Möglichkeit von Irrtum und Selbstverfehlung, damit wir uns immer neu dazu bereitmachen, etwas oder jemanden verstehen zu wollen. Von Unruhe getrieben, suchen wir über unser Denken, die Veränderung zu begreifen, von der es veranlasst wurde. Zum Begriff des Begreifens gehört, dass Begreifendes und zu Begreifendes ineinander übergehen, die Seiten wechseln. Unser Denken ist gleichermaßen das Organ, mit dem wir einer Veränderung auf der Spur sind, und der Ort, an dem wir sie für uns durchspielen. Daher auch das Paradox, dass wir zwar von außen her, von irgendetwas irritiert, zum Denken gebracht werden, sobald wir jedoch denken, schon nicht mehr merken, dass wir denken: Wir haben uns denkend ans zu Denkende vergessen.

Von daher fallen wir auch nicht ins Bodenlose, wenn wir aus unseren Routinen herausgerissen werden. Des Anhalts an einem Außen beraubt, schließen wir sogleich an die Matrix eines „Geistes", einer „Mentalität" an. Vor und nach aller Bewusstheit wissen wir uns davon getragen; so wenig wir sagen können, von woher wir diesen Geist, diese Mentalität beziehen, so selbstverständlichen Gebrauch machen wir davon. Nicht zufällig sagen wir ja auch, dass wir etwas *aus* oder *in* einem bestimmten Geist tun, weniger, dass wir einen Geist „haben". Wir sind nicht bloß geistbegabt, sondern von einem spezifischen Geist durchdrungen, der uns denken lässt. Als solche denken wir auf unverwechselbare Weise; wir denken auf eine Weise über die Welt nach, die nicht so sehr etwas über sie als über unser eigenes In-der-Welt-Sein aussagt.

Als Subjekte wissen wir uns einer Wirklichkeit unterworfen, die unendlich über uns hinausgeht. Im Maße unseres Wissens darum wissen wir uns, in aller Unfreiheit, von ihr frei. Wir sind jedoch nicht frei in Bezug auf unsere Freiheit; wir haben sie nicht gewählt – so wenig wir uns, nach dem Wort Maurice Blondels, selbst zum Leben bestimmt und unser eigenes Wollen hervorgebracht haben.[88] Genauso wenig können wir, wie wir auch nicht *nicht* atmen können, nicht *nicht* denken. Und doch genügt sich unser Denken nicht selbst. Es bedarf einer Störung, der Erfahrung eines Mangels an etwas, damit wir uns auf ein zu Denkendes hin in Bewegung setzen. Mit dem Ruck, den wir an uns selbst vollziehen, geraten wir in eine unabsehbare Drift: Wir spüren ein Band zwischen uns und dem, was wir zu denken suchen, woran wir *schon* entlang denken – so dass wir im Fortgang immer weniger unterscheiden können zwischen jenem Band und unserem eigenen Denken.

Es ist, als ob wir seit jeher in stiller Kommunikation mit sozusagen zwei Gesprächspartnern auf einmal stünden: mit der Denkbarkeit der Welt einerseits, mit unserem eigenen Denkvermögen andererseits. Im Gespräch mit uns selbst, drängen wir sogleich aus uns heraus, träumen uns gleichsam ins Innere des Außen hinein. Wir sinnen dem Erscheinenden ein „Hinter" an, das unserem eigenen Inneren abgeschaut ist. Wir stellen zwischen dem Außen und uns eine Verbindung her, decken einen Sinn auf, an dem wir selber teilhaben. Wir wissen nicht: Haben wir ihn entdeckt oder selber konstruiert? Unser Sinn für Sinn macht uns je schon für

Irrtümer anfällig: dass wir, so sehr wir des Sinnes bedürfen, kaum mehr zwischen unserem Bedürfnis nach ihm und ihm selbst unterscheiden können.

Die Zeit des Denkens und das Denken der Zeit

Denken findet in der Zeit statt, unterliegt den Entwicklungen und Veränderungen, die sie bringt. Auf der anderen Seite brauchen und verbrauchen wir unsererseits für das Denken Zeit. Wir nehmen sie uns darüber, dass wir sie anhalten – innehalten. Wir wenden uns nach innen, unseren Empfindungen zu, derer wir uns immer erst noch klarwerden müssen. Wir versuchen, diese in Worte zu fassen, auch wenn wir sie nicht eigens aussprechen. So oder so transferieren wir Inneres nach außen, stellen es in uns vor uns. Die Zeit, die wir zum Denken brauchen, ist die dieses Transfers.

Dass wir uns Zeit verschafft haben, merken wir an der Ruhe, in die wir kommen. Umso deutlicher spüren wir jetzt aber auch unsere innere Unruhe: Derweil sich unser Leben verlangsamt, beschleunigt sich unser Erleben. Wir erfahren die Diskrepanz von Leben und Erleben äußerlich als Zeitdruck, dem wir von innen her unsere Geistesgegenwart entgegensetzen. Während wir uns dem Druck stellen, entziehen wir uns ihm schon – wir denken. Wir denken unter Bedingungen der Störung unseres Denkens. Indem wir uns dem uns Behindernden aussetzen, setzen wir uns im Innern bereits von ihm ab. Wir verschaffen uns eine Art Zwischenzeit, binnen derer wir die Differenz von Innen und Außen, in der wir stehen, auf uns wirken lassen. Wir beginnen, die Seite zu wechseln, sozusagen in das auf uns Wirkende zu schlüpfen, indem wir in die Differenz, die wir zunächst passiv erfahren haben, aktiv hinein- und durch sie hindurchgehen. Die Differenz weitet sich zum Spielraum. Das Dilemma, in das wir uns anfangs gestellt fanden, löst sich zunehmend auf: Wo vordem ein Gefühl von Zeitdruck geherrscht hat, bildet sich ein Gedanke heraus, der mit einem Schlag unser Zeitgefühl verändert. Die Zwischenzeit, die wir denkenderweise hervorgebracht haben, schiebt sich zwischen Außen und Innen; der aus der Innen-Außen-Differenz hervorgegangene Gedanke überformt die Erfahrung der Differenz selbst.

Per Geistesgegenwart kontern wir die uns bedrängende Gegenwart mit der in Gedanken durchgespielten Entfaltung unseres Innen. Dazu gehört, dass wir uns mit dem Druck von außen der Gefahr aussetzen, innerlich verwirrt zu werden. Indem wir uns der Gefahr aktiv öffnen, schützen wir uns vor ihr. Wir suchen die Verwirrung, in die wir geraten sind, uns selbst zu erklären. Erneut identifizieren wir uns mit dem, was uns geschieht, lösen uns darüber aus unserer Verwirrung, dass wir uns auf sie einlassen. Indem wir, was uns in Frage stellt, an uns heran-, in uns hineinlassen, machen wir die Erfahrung einer tieferliegenden Unabhängigkeit. Mit dem uns Widerstand Bietenden tut sich ein Spalt auf, durch den wir inmitten des uns Determinierenden hindurchgehen. Es ist unsere Geistesgegenwart, die uns diese Lücke in eins erkennen und passieren lässt, allein darüber, dass sie uns Auskunft gibt über die Differenz von Innen und Außen, in der wir augenblicklich stehen und die wir durchzustehen haben.

Unser Welt- wie Selbstverhältnis zeigt sich immer wieder anders, immer wieder neu. Und doch erkennen wir uns darin stets wieder. Beides zusammen macht unsere philosophische Intuition aus. Sie hält uns in Kontakt mit unseren uns umtreibenden Problemen, welche, so Nicolai Hartmann (1882–1950), noch bleiben, wenn längst die Kartenhäuser unserer Gedankengebäude zusammengebrochen sind.[89] Beziehungsweise liegt, nach Henri Bergson, jedem Ideensystem eine einfache Intuition zugrunde, um die herum es konstruiert wurde. Mag es eine Weile halten und wir uns daran festhalten, so benötigen wir mit der Zeit die Erfahrung des Widerständigen der Wirklichkeit, um uns nicht an die interne Schlüssigkeit unserer Gedanken wahnhaft zu verlieren. Immer wieder aufs Neue müssen wir den Selbstlauf unserer Systeme – der Gedanken, die wir „haben“, Einstellungen, die wir „vertreten“ – unterbrechen und zu unserer anfänglichen Intuition zurückkehren, die uns unseren eigentlich betreffenden Fragen nah sein lässt.[90]

Die Ruhe, in die uns das Denken bringt, ist nicht auf Dauer zu stellen. Wir kommen nicht darum herum, uns dem Jetzt, das uns widerfährt, zu konfrontieren, um uns unsere Begegnung zeitversetzt auseinanderzulegen. Nicht nur, dass wir uns denkend gegenüber dem Augenblick, der uns zum Denken bringt, verspäten; wir erfahren so überhaupt erst Zeit. Wir erleben, dass, um wiederum mit Nicolai Hartmann zu sprechen, „die Welt nie beisammen ist“[91] – ebenso wenig, als Teil dieser Welt, wir selbst. Bringt Zeit einerseits Veränderung und Trennung, stellt sie andererseits ein Kontinuum dar, das die Brüche, die sie setzt, je schon in sich integriert. Wenn wir denken, tun wir ihr beides nach. Wir erweisen uns als Koakteure der Zeit, sind Mitarbeiter am Ineinander von Veränderung und Kontinuität. Hartmann beschreibt dies als unaufhörliche Grenzverschiebung, bei der, durchs Nadelöhr dieses Jetzt hindurch, Zukünftiges über Vergangenes hinweggeht, Kommendes und Vergehendes in ein immer neues Verhältnis treten.

Das Hin und Her, das wir als Denkende zwischen uns und dem zu Denkenden für uns selber unabsehbar vollziehen, vollzieht das Trennende und Neuverbindende der Zeit nach. Wir merken dies an uns selber, an der nicht schwinden wollenden Unruhe unseres Erlebens: wie sich in uns eine Differenz von Innen und Außen dynamisch erhält, im Maße ihrer Dynamik ihren Weg durch uns hindurch nimmt – ihren Ausdruck in unserem Selbstausdruck sucht.

Spiegelung und Schwingung

Wir verstehen auf subjektive Weise, mit unserer ganzen Person. Andererseits würden wir nichts verstehen, wüssten wir nicht zwischen uns und der Wirklichkeit zu unterscheiden. Wären wir nicht in der Lage, in uns einen Abstand zu uns herzustellen, aus uns selbst heraus zum Begriff eines uns widerstehenden Objektiven zu kommen, kämen wir gleichermaßen der Welt und uns selbst abhanden; wir würden zu Automaten oder verrückt. Gelänge es uns, unsere Subjektivität hinter uns zu lassen, würden wir dafür nicht mit größerem Wirklichkeitssinn belohnt. Im Gegenteil: Um unseres eigenen Realismus' willen müssen wir uns über unser Subjektsein klar sein; wir finden eine Einlassstelle in die Wirklichkeit nur, wenn wir uns die Innen-Außen-Differenz verdeutlichen, in der wir real stehen und die unser Erleben bestimmt.

Wir erleben uns *in* unserer Subjektivität, nicht diese selbst. Sie liegt uns als Bindung an uns voraus. Der Abstand, den wir zu uns selbst suchen, ist ein Effekt dieser Bindung: ihre – unsere – Entfaltung. Wenn wir denken, bringen wir unser Selbstverhältnis in Schwingung und, umgekehrt, das Verhältnis zu unserer Umwelt auf die Frequenz unseres Lebensgefühls. Bevor uns unser Denken Erkenntnisse liefert, dient es als Seismograf unseres Bei-uns-Seins einerseits, unseres In-der-Welt-Seins andererseits. Unser Denken begleitet uns bei unseren Herausgängen aus uns und führt uns wieder zu uns zurück – wie unsere Atmung.

Wir lösen uns von uns aus derselben Kraft, die uns bei uns sein lässt. „Bei" heißt: Wir erfahren uns auf eine Mitte hin losgeschickt, die wir immer erst noch mit uns selbst füllen müssen. Wir sind uns insofern zu gleichen Teilen voraus und hinterher. Wir finden uns in einer Welt vor, die vor uns da war und nach uns weiter bestehen wird; die sich in uns fortsetzt, während wir uns ihr hinzufügen. Erweist sich unser

Selbst als innerer Spiegel dessen, was wir „hinter“ der Welt vermeinen, so fungiert die uns augenblicklich erscheinende Welt als Außenspiegel unseres Selbstverhältnisses. Hat unser Denken vordergründig mit den Spiegelungen des einen im anderen zu tun, so justiert es in unserer Tiefe die Ausrichtung der Spiegel unablässig nach. Dies merken wir, wenn überhaupt, erst nachträglich, in der Weise, dass sich alles verändert und doch irgendwie wiedererkennbar bleibt, uns eingeschlossen.

Unablässig finden wir in den Menschen und den Dingen, die uns „ansprechen“, den Widerschein unserer selbst. Wir sind in das, was wir wahrnehmen, verstrickt – einfach darüber, dass wir es wahrnehmen. Desgleichen nehmen wir, wenn wir etwas nicht wahrnehmen, auch nicht wahr, dass wir es nicht wahrnehmen. Wir sind Mittäter unserer Wahrnehmungen, wie wir Opfer unserer Nichtwahrnehmungen sind. So oder so, bewusst oder unbewusst, sind wir an dem, was uns widerfährt, beteiligt. Daher kommt es auch, dass wir insgeheim die Wiederholung dessen erwarten, was wir bereits erlebt haben. Um der Gefahr selbsterfüllender Erwartungen zu begegnen, denken wir *nach*; wir reflektieren unser Erleben, bringen das, was uns am nächsten und selbstverständlichsten scheint, vor uns. Kraft der Unterbrechung, (in) die uns unser Nachdenken bringt, öffnen wir uns der Möglichkeit kommender neuer Erfahrungen, auf die Gefahr hin, von ihnen verwirrt zu werden. Während wir uns nach außen hin öffnen, legen wir uns nach innen hin, in Hinblick auf unsere Reflexe, zunehmende Zurückhaltung auf. Wir machen uns lernbereit, fangen an, das hier und jetzt Erfahrene gegen unsere bereits gemachten Erfahrungen zu halten, Unterschiede im anscheinend Gleichen auszumachen. Statt unsere aktuellen Erfahrungen auf die Linie unserer eingeübten Verarbeitungsmuster zu bringen, gehen wir einen minimalen Schritt darüber hinaus, das heißt einen Schritt zurück, dorthin, wo wir uns für einen Moment der Deutung enthalten.

Nach Maßgabe dieser momentweisen Enthaltung befindet sich, Maurice Merleau-Ponty zufolge, die Welt philosophisch gesehen immer am Anfang. Weder vermögen wir via Philosophie, die Widersprüche, in denen wir leben, aus der Welt zu schaffen, noch können wir mit dem Wissen der Vergangenheit ein Urteil über die Zukunft fällen. Vielmehr sensibilisieren wir uns kraft Philosophie für die Unausdenkbarkeit menschlicher Freiheit.[92] Träger dieser Freiheit ist unsere Subjektivität. Wir sind so frei, wie wir an sie gebunden sind. Unsere Subjektivität bindet uns an uns, bevor wir überhaupt wissen, dass wir jemand sind. Und auch noch danach: Selbst im Verfall unserer kognitiven Fähigkeiten, wenn wir, etwa dement geworden, längst vergessen haben, wer wir und die anderen sind, werden wir nicht aufhören, in irgendeiner Weise „bei uns" zu sein.

Unser zwanghaftes Bedürfnis, richtig zu denken, mit unserem Denken recht zu behalten, ist demgegenüber an ein sich durch- und festhalten wollendes Ich-Bewusstsein geknüpft. Nicht nur, dass wir so die Kontrolle über unser Denken zu behalten suchen; wir wehren im Vorhinein mögliche Störungen unseres Denkens ab, um noch über die Anlässe unseres Denkens (die, wie gesehen, nicht von seinen Störungen zu trennen sind) Zugriff zu behalten. Denken wird zu bloßer Methodik – die dafür sorgt, dass unser(em) Denken ja nichts passiert, was nicht zuvor den Checkpoint der von uns vorgegebenen „Richtigkeit" durchlaufen hätte. Unser Denken bringt sich auf die Weise selber zum Verstummen, während sich in uns eine umso heftigere Unruhe breitzumachen beginnt, der wir wiederum mit entsprechender methodischer Rigidität Herr zu werden versuchen. Mit dem Ergebnis, dass das Auseinanderdriften von Innen und Außen gänzlich unbeherrschbar wird – wir im Maße unserer Rechthabereien den Kontakt zur Wirklichkeit wie zu uns selbst zu verlieren drohen.

Zeugnis eines Durchgangs

Denkend sind wir, so Merleau-Ponty, auf keine Umwelt festgelegt. Im Gegenteil, wir modellieren unseren Begriff von ihr, indem wir die Bezüge, in denen wir stehen, innerlich durchgehen und uns darüber selbst stets aufs Neue erschließen. Denkend mischen wir die Geschichte der Philosophie auf, vergleichzeitigen Aufeinanderfolgendes, bringen Entferntes zusammen, kurz, wirken am Werden einer Wirklichkeit mit, an die wir uns selber anzupassen bemühen. Wenn wir denken, synchronisieren wir unser zu lebendes Leben mit dem auf uns Gekommenen, nicht schon mit unserer Erfahrung Übereinstimmenden. Wir treffen auf einen Widerstand, den wir, so wenig wir ihn einfach aus dem Weg räumen können, auf uns wirken lassen müssen, und sei es nur, dass wir ihn als solchen gelten lassen.

Zu dem äußeren Widerstand gesellt sich ein innerer; wir finden uns von etwas angetrieben vor, dem wir uns nicht schon gleichzumachen vermögen. Wir begreifen uns selbst nicht recht, erleben unser Leben insgesamt als ein Knäuel innerer und äußerer Kräfte. Denkend setzen wir uns diesem Ineinander aus, ermitteln darüber, dass wir es uns auseinanderlegen, unser jeweilig zu findendes Gleichgewicht. Unser Denken vermag weder die Wirklichkeit noch uns selbst in ihr darzustellen, da es sich gegenüber dem einen wie dem anderen verspätet. Wir können immer nur den Seitenwechseln von Innen und Außen folgen, die wir an unserer Umgebung und unserem Erleben erfahren.

Denken findet, wie gesagt, in der Zeit statt, sucht an uns und den Veränderungen der äußeren Welt deren Arbeit nachzuvollziehen. Nachträglich erst wird sich zeigen, ob unser Denken zunehmend Früchte besseren Verstehens trägt, eines Verstehens zumal, das noch unser Nichtverstehen zu begreifen versucht. Um unsere Irrtümer zu erkennen und zu korrigieren, braucht es unsere bleibende Offenheit gegenüber der Vorstellung, in dem, wovon wir intuitiv überzeugt sind, auch falsch liegen zu können. Wir müssen uns zu dieser Vorstellung zwingen: verstehen lernen, dass wir nichts und niemanden restlos verstehen werden. Weder einer Sache noch einem Menschen können wir jemals ganz gerecht werden, schon deswegen nicht, weil wir letztlich über die Innen-Außen-Differenz, in der wir selber stehen, nicht hinauskommen.

In seinem Fragment gebliebenen Text *Über die Seele* schreibt Aristoteles, „dass der Geist der Möglichkeit nach auf irgendeine Art und Weise die denkbaren Dinge ist"[93]. Das heißt, die Objekte sind zugleich außerhalb und in uns – wie wir auch nur bei uns sind, wenn wir aus uns herausgehen, uns an etwas, was wir nicht selbst sind, zu vergessen vermögen. Wenn die gedachte Einheit von Subjekt und Objekt die Bedingung der Möglichkeit dafür bereitstellt, dass wir überhaupt irgendetwas oder -jemanden begreifen können, so müssen wir bei alldem auch begreifen *wollen*. Just dann aber erleben wir gerade, dass wir als Erkenntnissubjekte vom Erkenntnisobjekt getrennt sind. Geht es im Verstehen idealerweise um eine Verschmelzung von Subjekt (Innen) und Objekt (Außen), kommen wir realistischerweise immer nur dahin, beide Seiten jenem Differenzpunkt anzunähern, der beide, gleich einer Achse, trennt und darüber zusammenhält.

Ob uns dies gelingt, merken wir an der Balance, in die wir damit selber kommen. So wenig wir etwas oder jemanden restlos verstehen, gelingt es uns, unser Gleichgewicht dauerhaft zu halten. Immer wieder neu werden wir von irgendwoher aufgestört, erleben wir unser Erleben diskrepant zum Leben, das wir leben. Wenn wir denken, suchen wir uns in eins diese Kluft zu erklären und zu überbrücken. Zunächst müssen wir uns für sie überhaupt empfänglich machen: uns in diejenige Unruhe versetzen, die ohnehin in uns wirkt – durch sie hindurch einem nächsthöheren Gleichgewicht zustreben. Wenn uns auch unser Denken weder die Wirklichkeit noch uns selber ganz erklärlich werden lässt, so vermag es anhand der Fragen und Probleme, die wir aufwerfen, eine spezifische Verschlungenheit von Innen und Außen abzubilden. Mehr noch, es hilft uns dabei, selber dort hindurch zu kommen. Die Richtigkeit unseres Denkens erweist sich an der Genauigkeit und Treue, mit der wir diesen Durchgang theoretisch wie praktisch bezeugen.

Rückblick und Ausblick

> *Jeder ist nicht nur der Andere des anderen, sondern auch der Andere seiner selbst. Weil wir uns nicht schon mit der Welt wie mit uns selbst auskennen, ringen wir um Selbstausdruck – denken wir. Aus nichts als der Fähigkeit des Ichs, sich einem Du zuzuwenden – sich selbst zum Du zu werden –, entspringt Philosophie.*

Was ein Gespräch gelingen lässt

Dass wir miteinander reden, ist das Alleralltäglichste – kaum der Rede wert. Worüber nicht geredet wird, definiert etwas als „normal". Sobald man über das Normale zu sprechen beginnt, gerät man außerhalb davon: Es hört auf, normal zu sein. Dass wir überhaupt miteinander reden können, dass wir einander über alle Unterschiede – auch der Sprachen – hinweg verständlich zu machen vermögen, erscheint dann wie ein Wunder.

Es ist das Denken, das uns die Unwahrscheinlichkeit des Normalen selbst offenbart. Wie aber kommen wir zum Denken? Wir müssen, wie wir gesehen haben, in irgendeiner Weise die Erfahrung einer Diskrepanz gemacht haben, die uns aus unserer Balance gebracht hat. Deren Urerfahrung ist die der Differenz von Innen und Außen. Wir machen sie von klein auf damit, beginnend, dass unsere Mutter, nachdem wir mit ihr in Symbiose waren, uns zur Welt gebracht hat. Ab dann ist unsere Geschichte eine von Getrennt- und Unterschiedenheit. Denkend übertragen wir deren Grunderfahrung auf alle Situationen, in die wir je geraten. Und dies nicht nur in Hinblick auf die anderen, sondern auf uns selbst: So sehr jeder von uns zeitlebens der Andere des anderen bleibt, so wenig kommen wir jemals bei uns selbst an.

Auf die Frage bezogen, was ein Gespräch gelingen lässt, heißt das: Noch ehe wir miteinander sprechen können, müssen wir selber erst zur Sprache kommen. Wir müssen nach Worten suchen. Wir würden keine finden, wären ich nicht *schon* sprachfähig. Dazu gehört noch, paradoxerweise, dass uns die richtigen Worte jeweils fehlen, dass wir um unseren Selbstausdruck ringen müssen. Ebenso sehr könnten wir auch verstummen, uns insgesamt entgleiten. So sagt uns schon die Alltagserfahrung, dass wir einen Gedanken erst haben, wenn wir ihn aus uns heraus-, in eine allgemein verständliche Sprachform gebracht haben. Solange wir dies nicht schaffen, sind wir nicht einmal imstande, ein Gefühl zu „haben". Eher hat, umgekehrt, das Gefühl uns: Wir wissen nicht, was eigentlich mit uns los ist.

Das Dreieck des Verstehens

Noch bevor ein Gespräch mit jemandem in Gang kommt, bringt etwas unser Inneres in Bewegung, wühlt es auf. Es ist, erneut, wie ein Wunder, dass wir überhaupt miteinander flüssig reden und nicht voreinander stocken und stammeln. Dass uns dies gelingt, liegt daran, dass wir, wenn wir miteinander reden, je schon auf ein Drittes von Innen und Außen vertrauen können, das uns verbindet. Folgen wir dem US-amerikanischen Philosophen Donald Davidson (1917–2003), dann braucht es, damit wir uns erfolgreich verständigen, nicht einmal dieselbe Sprache.[94] Es reicht zu wissen, dass der andere ein denkendes Wesen ist wie man selbst. Als Denkende sind wir allesamt gedanklich auf etwas in der Welt bezogen, das von uns selber unterschieden ist, während wir den Inhalt unserer Gedanken ganz und gar von dorther beziehen.

Es geht zunächst darum, dies Etwas, worauf der andere denkend referiert, in der Welt – außerhalb von ihm wie von uns – dingfest zu machen. Des weiteren geht es darum, die sprachliche Bezugnahme des anderen darauf unsererseits zu interpretieren, das heißt mit starken Mutmaßungen zu versehen. So erst *verstehen* wir ihn – und sei es auch, dass wir ihn *miss*verstehen.

Um zunehmend besser zu verstehen, also unser womöglich irrendes Verstehen zu überprüfen und gegebenenfalls zu korrigieren, müssen wir in direkte Kommunikation mit ihm oder ihr treten. Entscheidend ist, nach Davidson, dass sich ein Dreieck bildet: dass sich unser beider Perspektiven auf ein uns gleichermaßen äußerliches wie gemeinsames Drittes zu schneiden beginnen. Deren Schnittpunkt fixiert sozusagen ein von uns beiden intersubjektiv ausgehandeltes Objektives. Nicht dass wir zu wissen begännen, was objektiv sei und was nicht; das einzige, was wir wissen, ist, dass wir an etwas Gemeinsamem teilhaben, das zugleich von uns unabhängig in der Welt existiert.

Es ist das verborgene Ziel eines jeden Gesprächs, unsere Beziehungen zueinander immer neu auf dieses verbindende Dritte hin zu überprüfen. Was gleichermaßen voraussetzt, dass wir es nie direkt erhaschen, noch je in wissenden Besitz bekommen. So müssen wir wohl oder übel immer wieder aufs Neue das Gespräch miteinander suchen. Indem wir dies tun, vergewissern wir uns in eins, eben dreieckshaft, der Welt, des anderen und unserer selbst.

Verstrickung und Spaltung

Immer schon finden wir uns von etwas umgeben beziehungsweise von ihm getrennt vor. Es beginnt mit dem Körper, der wir einerseits sind, in dem wir andererseits wie in einer Hülle stecken. Und es endet nicht mit dem Horizont, der die sichtbare Welt umfasst; denn auch dieser verschiebt sich immer neu mit unseren eigenen Bewegungen und gibt so ein sich ständig veränderndes Gesicht der Welt frei.

Dasselbe gilt im Umgekehrten: Noch in unserem eigenen Inneren steckt etwas, das ihm äußerlich ist. Im *Theaitetos* lässt Platon seinen Sokrates die Seele wie mit Wachs ausgestattet beschreiben.[95] Nicht weil sie rein und leer wäre, ist die Seele aufnahmefähig für äußere Eindrücke, sondern weil sie, im Gegenteil, etwas mitbringt, das sie dem Außen zur Gravur entgegenhält. (Man denke nur an Sigmund Freuds Reflexionen über den „Wunderblock"[96], jene mit Wachs beschichtete Zeichenfläche, die von außen immer neu gelöscht werden kann, während sich, unsichtbar, sämtliche Spuren in sie einprägen.) Wobei ihre Aufnahmefähigkeit noch nichts über die Richtigkeit ihrer Erkenntnisse aussagt. Im Maße ihrer Fähigkeit, sich im wahrsten Sinne vom Außen beeindrucken zu lassen, ist die Seele eher anfällig für Irrtümer. Alleine mit sich in denkendem Selbstgespräch, verstricken sich in ihr auf ähnliche Weise Innen und Außen, wie sie selber bereits eine Mischung aus beidem darstellt.

Um Erkenntnis zu gewinnen, scheiden wir Äußeres von Innerem. So haben sich, grob gesprochen, die Naturwissenschaften als Wissenschaften des Außen und die Geisteswissenschaften als solche des Innen gebildet. Man könnte, ebenso grob gesprochen, die klassische Aufgabe der Philosophie darin sehen, beide immer wieder neu zusammenzubringen. Sie vermag sie in ein und denselben allgemeinsprachlichen Diskurs zu bringen, weil sie gleichermaßen auf Seiten des Denkenden (Innen) und des zu Denkenden (Außen) ist. Mit dem Effekt, dass uns der philosophische Blick sozusagen frisch auf die Welt und uns selber blicken lässt. Wozu wiederum gehört, dass uns die Differenz von Innen und Außen neu vor Augen tritt.

Das betrifft zugleich unser Welt- und Selbstverhältnis. Rein äußerlich genommen, ist die Welt der jeweilige Ausschnitt des Erscheinenden. Von innen gesehen, ist sie, was beziehungsweise wie sie *uns* erscheint. Als solches stellt sie das Pendant der von uns mitgebrachten, gerichteten Aufmerksamkeit dar. Das heißt: Bevor sie uns erscheint, fungiert sie bereits als Projektionsfläche unserer inneren Vorstellungen vom Ganzen. Es sind diese Vorstellungen, die unser Verhältnis zum Außen bestimmen. Sie sind es, die wir am allerwenigsten durchschauen. So meinen wir denn auch, die Welt schon zu kennen, ohne sie stets neu sehen lernen zu müssen: Was vordem pragmatische Bedingung für ein Erkennen war, nämlich Innen und Außen getrennt voneinander zu behandeln, führt zu einer Auswendigkeit von Erkenntnis, worüber wir zunehmend nur wahrnehmen, wovon wir ohnehin innerlich überzeugt sind.

Aus der Welt fallen

Subjekte, die wir sind, leben wir unser Leben aus der Innenperspektive heraus. Diese begründet, nach Auffassung etwa von Richard Avenarius (1843–1896)[97], unsere „natürliche" Weltansicht: eben unsere Weise, die Welt als *erscheinende,* umwelthaft, wahrzunehmen. Ihr entspricht ein Weltbegriff, auf dem noch die verschiedenen Weltbegriffe der unterschiedlichsten Philosophien aufbauen.[98] Diese sind, nach empiriokritischer Auffassung, lediglich Variationserscheinungen von jener. Gleichwohl fühlen wir uns innerhalb dieses unseres unwillkürlich mitgegebenen Weltbegriffs alles andere als heimisch und sicher. Wir wissen, dass wir, im Gegenteil, unser Leben gegen die Welt draußen anleben müssen, im steten Bewusstsein unseres Gefährdetseins durch sie. Zu diesem Bewusstsein gehört, dass wir es niederhalten. Anders fänden wir kaum Kraft, unser eigenes Leben zu leben. Wir müssen unser Leben irgendwie auf selbstverständliche, unhinterfragte Weise leben dürfen, ohne uns ständig die kontingenten Bedingungen unseres Daseins vor Augen zu führen, die uns unser Leben zu rauben drohen.

Solange dies gutgeht, nehmen wir die Welt und die anderen schemenhaft, wie hinter einem Vorhang, wahr. Während wir so die Welt und die anderen auf Distanz halten, haben wir zu uns selbst nur geringen Abstand, um den Preis, dass wir unsere gefühlte Selbsteinheit mit einer untergründigen Paranoia bezahlen. Diese tritt zutage, sobald wir aufgrund irgendeines Erlebnisses, das uns von außen zustößt und innerlich aufstört, dazu gezwungen sind, das, was uns umgibt – wovon wir getrennt sind –, deutlicher in den Blick zu nehmen. Plötzlich zeigt sich uns die Welt fremd und zudringlich zugleich.

In unserer Innen-Außen-Spaltung verfangen, entgeht uns, wie unsere inneren Projektionen aufs Außen von außen her auf uns zurückwirken: Unsere eigene Weltsicht, nicht von Wahrnehmung überprüft und korrigiert, tritt uns gespensterhaft entgegen. Im wahrsten Sinne verstehen wir die Welt nicht mehr, das heißt, wir verstehen sie nicht mehr als *unsere* Welt. Beziehungsweise: Wir interpretieren sie als eine Welt, die uns selber ausschließt. Während wir nicht begreifen, wie es die Welt in ihrer bedrohlichen Chaotik überhaupt je zu etwas Stabilem bringen kann, merken wir umso deutlicher, wie wir für uns selbst aus ihren Zusammenhängen herausfallen.

Wir beginnen, uns auf unüberbrückbare Weise von unserer Umgebung unterschieden zu erleben. Wir erleben diese Unterschiedenheit jedoch nicht relativ, in Absetzung gegen ein Außen hin, das uns als Innenwesen umgibt, sondern absolut, in Beziehung zu *allem* – letztlich noch zu uns selbst. Aus dem Dämmer unserer wohlfeilen Innen-Außen-Spaltung gerissen, die uns für eine Weile stabil halten konnte, hört unser Inneres jäh auf, unser Eigentum zu sein. Es wird uns zur unheimlichen Seinserfahrung. So erfahren wir, wie noch unser eigenes Inneres von der Differenz von Innen und Außen durchzogen ist – nicht zuletzt merkbar an uns quälenden Angst- und Zwangsvorstellungen. Zunehmend fühlen wir uns durch einen Spalt fallen, in den Strudel eines Unendlichen hineingezogen, in dem wir uns selber zu verlieren drohen.

Verblüffung und Lernen

Wie schaffen wir es, aus dieser inneren Abwärtsspirale herauszukommen, an deren Ende wir uns entweder in Angst auflösen oder in Traurigkeit erstarren? Wie können wir unter den Bedingungen erfahrener Welt- und Selbstfremdheit erneut in die Welt zurückfinden und an die anderen anschließen? Indem wir die Erfahrung der Differenz von Innen und Außen schlicht auszuhalten lernen: wenn wir etwa mit bewusster leichter Verzögerung auf etwas Bedrängendes reagieren; im Mitgefühl mit jemandem diesem noch standhalten; im eigenen Denken Intuitives von Übernommenem scheiden.

Wir würden erfahren, dass das Aushalten der Erfahrung der Differenz *uns* hält. Nach und nach würde sich unser innerer Spielraum weiten, aus dem heraus wir zunehmend ins Außen ausgriffen. Die Ausrichtung unserer Aufmerksamkeit würde sich verändern. Wie wir uns vordem, in dem Maße, wie wir uns vom Außen abschotteten, uns von ihm zugleich überschwemmt fühlten, suchten wir zunehmend die Gelegenheit, außerhalb von uns Nähe und Übereinstimmung mit uns zu erfahren. Etwa wenn wir bemerken würden, dass jemand etwas sagt, das wir selbst hätten sagen können. Wir wären verblüfft, dann erleichtert: Sind wir also doch nicht so alleine?

Verblüffbarkeit ist bekanntermaßen eine philosophische Tugend. Sie ist indes weniger ein direktes, subjektives Vermögen als eines, das uns von außen zukommt: Wir werden über Wahrgenommenes dazu gebracht, unseren Wahrnehmungen nicht ganz zu trauen. Wir sehen mit an, wie Innen (Erwartung) und Außen (Erfahrung) durcheinandergeraten. Wir sehen uns wie von außen. Wir sind für einen Moment aus der Balance geraten – bis wir dann wieder unsere gewohnte Innenperspektive einnehmen.

Um das, was uns kurzzeitig aus dem Gleichgewicht gebracht hat, zu verarbeiten, spekulieren wir unweigerlich auf ein Drittes, Verbindendes von Innen und Außen. Dabei merken wir, dass wir im Zuge unserer Spekulation auf dies Verbindende je schon von diesem herkommen. Wir machen die Erfahrung, dass es eine Verbindendes von Innen und Außen gibt, auch wenn dieses nicht sichtbar ist. Und zwar in dem Maße, wie es uns gibt, die wir sie mit und an uns selber vollziehen, das heißt: etwas lernen. Lernend lassen wir uns für Momente aus unserer Selbstzentriertheit herausreißen. Dabei merken wir, dass wir uns schon voraus sind, unserem Voraussein nur hinterherhinken.

Immer dann, wenn wir etwas lernen, knüpfen wir eine solche Zeitschlaufe. Jean Piaget hat, wie gesehen[99], zwischen zwei Anpassungs-Schritten – von innen nach außen (Akkommodation) und von außen nach innen (Assimilation) – unterschieden; Phasen, die, so sehr sie unwägbare Übergänge bergen, in uns Krisen auslösen. Diese mögen, sei es in Form von Ermüdung, Ungeduld oder Selbstzweifel, mehr oder minder tiefgreifend sein; auf jeden Fall ordnen sie unsere Mitte neu. Wir geraten aus dem Gleichwicht, um lernenderweise – per doppelter Anpassung – auf ein nächsthöheres Balance-Plateau zu gelangen. Ein Effekt eines solchen Lernschritts ist, dass wir nicht mehr sagen können, inwieweit das, was wir gelernt haben, dem Erlernten oder uns als Lernenden zuzuschreiben ist. Wir vermögen nicht mehr, klar zwischen Außen und Innen zu unterscheiden. Beide haben im Zuge der beschriebenen gegenläufigen Anpassung längst die Plätze getauscht: Wir haben in dem Maße, wie wir etwas gelernt haben, vergessen, dass wir überhaupt gelernt haben. Wir können uns kaum mehr vorstellen, wie wir etwas, das wir jetzt wissen, einmal nicht wussten. Nicht nur die Welt hat sich für uns verändert, sondern wir uns selber. Wobei wir die Veränderung als solche schwerlich datieren können: Alles ist anders geworden, während wir uns, was unser Welt- und Selbstverhältnis angeht, beständig als dieselben wiedererkennen.

Kommunikation und Einzelnsein

Führt Lernen gleichsam von außen nach innen, so ist der umgekehrte Weg – der von innen nach außen – der ungleich schwierigere, unbestimmbarere. Die Schwierigkeit gründet in der Dunkelheit, die wir für uns selbst darstellen. Wir sind uns selber viel weniger gegenwärtig, als es die anderen für uns sind. Und dies, paradoxerweise, so sehr wir uns alternativlos gegeben sind. Zu dieser Paradoxie gehört auch, dass wir nie schon bei uns selbst sind, sondern erst noch zu uns kommen müssen. Und dies, endgültig paradox, indem wir gerade aus uns herausgehen.

Um unserer selbst willen gehen wir auf die anderen zu. Wir beziehen uns auf sie weniger aus altruistischen Gründen, als dass wir uns über sie unseres eigenen In-der-Welt-Seins vergewissern. Dies vermögen wir nur in Konfrontation mit der Kontextualität unseres eigenen Lebens, darüber, dass wir willentlich den Widerstand dessen suchen, was wir nicht schon selbst sind. An diesem Widerstand erst spüren wir uns. Wir wissen: Wir brauchen die Wirklichkeit, stößt sie uns auch noch so ab. Und wir brauchen die anderen – selbst dann, wenn wir nichts mit ihnen anfangen können. Die anderen sind die Repräsentanten des Umkreishaften unseres Lebens. Die Klärung unseres Verhältnisses zu ihnen hilft uns dabei, unser Verhältnis zu uns selber zu klären – was sich wiederum in unserem Verhältnis zu jenen niederschlägt. Um uns in unserem Einzelnsein entfalten zu können, brauchen wir Gegenwart und Grenze gerade derer, die anders sind als wir. Wir brauchen – um mit Karl Jaspers zu sprechen –, dass die anderen als sie selbst existieren, damit auch wir als wir selbst existieren können.[100]

Es ist noch ein Akt der Innerlichkeit, aus sich heraus-, auf die anderen zuzugehen, mit ihnen zu kommunizieren. Zugleich findet unsere Innerlichkeit an den anderen Begrenzung und darüber Halt. Die Kommunikation mit ihnen kann uns gleichwohl nicht davon entlasten, auf eigene, einsame Weise die uns individuell bestimmende Differenz von Innen und Außen zu durchleben. Jaspers bringt den Gedanken in eine Kreisform: Um ich selbst zu sein, brauche ich einerseits die Kommunikation mit den anderen, während ich erst *aus* meiner Einsamkeit in Kommunikation mit ihnen treten kann.

Meta-Balance: Friede eines Dritten

Jeder von uns ist, auf seinem Weg durch die Klemme der ihn bestimmenden Differenz von Innen und Außen hindurch, auf ein Drittes hin unterwegs, das sich mit der erfahrenen Differenz auftut. Es ist dieses Dritte, das uns von der Erfahrung bloßen gegenseitigen Unterschiedenseins entlastet, ja, uns miteinander verbindet. Dies Verbindende lässt sich jedoch auf keine irgend fixierbare Intersubjektivität festlegen. Wir können uns immer nur und immer wieder zu dem uns Verbindenden bereit machen. Was uns zu ihm bereit macht, ist das – wiederum paradoxe – Wissen, dass uns gerade das, was uns voneinander unterscheidet, miteinander verbindet: dass wir Individuen sind, die in all ihren festen Prägungen sich selbst doch nie genug werden.

Wir erkennen aneinander stets uns selbst wieder; unsere Verlorenheit rührt an die des anderen. Wir wissen: Jeder muss seine Antwort auf die ihn bedingende Differenz von Innen und Außen selber finden, sie auf seine Weise durchlaufen. Jeder muss sich aus seiner Selbstzentriertheit lösen, um sich, auf je eigene Weise stolpernd und strauchelnd, in eine vorlaufend-vorläufige Balance zu bringen. Um unserer individuellen Balance willen bedürfen wir eines umfassenderen, universellen Begriffs von Balance, von der her wir überhaupt erst die Kraft und das Vertrauen zu unserer eigenen aufbringen.

Um mit all den Verstrickungen, in die wir uns unweigerlich begeben, immer wieder in ein inneres Gleichgewicht zu kommen, bedarf es eines stets auf Neue herzustellenden Ausgleichs nach außen hin, mit den anderen. Dieser Ausgleich untersteht dem Gebot eines uns unausgesprochen einenden ethischen Selbstverständlichen, das sich nur schwerlich – das heißt um den Preis eben seiner Selbstverständlichkeit – kodifizieren lässt. Es ist unsere Aufgabe als zur Vernunft Fähige, dieses Selbstverständliche in jedweder Situation antifaktisch zu vertreten. Jaspers nennt es „universelles Mitleben" und „totalen Kommunikationswillen"[101]. Wenn wir miteinander sprechen, sprechen wir, als zum Gespräch Bereite, von jeher aus einem uns bereits Gemeinsamen heraus.

Sprache findet überall dort statt, wo wir uns als Wesen innewerden, die nicht schon sich und die Welt auswendig kennen, die vielmehr ihr Denken und Fühlen, ihren Weltbezug im Ganzen erst noch ausdrücken müssen. Unser Selbstverständnis als denkende Wesen ist nicht zu trennen von unserem Sprachvermögen. Denkend wird uns alles unwillkürlich zu Sprache, selbst das, was nicht unmittelbar sprachlichen

Charakter aufweist: Wir entziffern Mienenspiele und Gesten, lassen uns von Landschaften und Musik ansprechen, lesen nicht nur Zeitungen, sondern auch Aufbau und Züge eines Fußballspiels. Zu Sprache geworden, wird uns etwas Äußeres erst verständlich, darüber, dass wir denkend ein Verbindendes von Außen und Innen ermitteln, das gleichwohl als solches nie in Erscheinung tritt. Eine Ermittlung, die nicht nur in Sprache, sondern dank Sprache stattfindet: Sie erst *leistet* dieses Verbindende.

So verstanden, sind Sprache und Denken ein und dasselbe: *Logos*. Er lässt uns unseren Weltbezug formulieren und unser Selbstverhältnis klären. Sprechend und denkend vermitteln wir sowohl unsere Erfahrungen mit der Welt als auch uns selbst in unseren Empfindungen und Ansichten, immer in der Hoffnung, sie auch anderen nachvollziehbar machen zu können. Nachvollziehbarkeit resultiert aus einem uns je schon Verbindenden und aktualisiert dieses zugleich. Mit jedem gelingenden Gespräch erweisen wir einander unsere Bereitschaft, uns von uns aus diesem Verbindenden anzuschließen, letztlich unsere Friedensfähigkeit. So können wir uns noch im Streit wie über alle Unübersetzbarkeit unserer Sprachen hinaus verständigen, weil wir längst miteinander im Gespräch *sind*. Mit Donald Davidson zu sprechen: Wir sind, bevor wir direkt miteinander sprechen, je schon Interpreten dessen, was die anderen sagen, und referieren damit unausgesprochen auf eine uns gemeinsam gegebene Welt. Ja, wir wären nicht einmal Denkende ohne die Zeitgenossenschaft anderer Denkender, mit denen wir zusammen auf ein uns gleichermaßen äußeres und verbindendes Drittes der uns umgebenden Welt bezogen sind.

Nur sofern es andere Denkende gibt, können wir selber denken. Darüber, dass wir uns in uns auf etwas außerhalb von uns beziehen und erfahren, dass auch andere dies tun, vergewissern wir uns eines uns miteinander Verbindenden

– *einer* Welt. Zugleich ist die Idee einer Welt ein Konstrukt unserer Subjektivität: Spiegelung unserer Selbsteinheit. Allein, wir kommen zu keiner Einheit mit uns, ohne uns zuvor zu zweiteilen. Genau dies leisten wir, wenn wir denken. Wir treten in ein Gespräch mit einem fiktiven Gegenüber ein, der oder die wir selber sind.

Wie wir denkenderweise uns zum eigenen Du werden, geraten wir in eine von uns selbst initiierte Unruhe, die uns aus unseren Verhärtungen herausführt. Wir wissen nicht schon, wohin uns unser Denken, indem es uns den anderen und darüber uns selbst öffnet, führen wird. Gleichwohl versuchen wir, uns per Denken unseren jeweiligen Problemen gewachsen zu machen. Dazu gehört noch, dass wir uns womöglich deren Unlösbarkeit eingestehen, die Probleme, die wir zu lösen trachteten, uns in Mysterien rückverwandeln. Uns hierzu zu befähigen, darin besteht das Versprechen der Philosophie.

Anmerkungen

1. Helmuth Plessner (1892–1985) zählt neben Max Scheler (1874–1928) und Arnold Gehlen (1904–1976) zu den Hauptvertretern der Philosophischen Anthropologie in Deutschland.
2. Vergleiche Helmuth Plessner: Die Frage nach dem Wesen der Philosophie. In: Gesammelte Schriften IX. Schriften zur Philosophie. Frankfurt/M. 1985, Seite 97, 117 und 121.
3. Soweit es stilistisch vertretbar ist, bemühe ich mich, die grammatikalische Normvorgabe des generischen Maskulinums hie und da zu durchbrechen. Auf der anderen Seite verwende ich der Einfachheit halber durchweg das unbestimmte wie allumfassende „Wir“ als generisches Subjekt.
4. Vergleiche Karl Jaspers: Philosophie und Wissenschaft. In: Das Wagnis der Philosophie. Gesammelte Aufsätze zur Philosophie. München-Zürich 1996, Seite 257.
5. Vergleiche Jeanne Hersch: Die Illusion. Der Weg der Philosophie. München o.J., Seite 26, 29 und 37f.
6. Deutsch: Das Denken. Erster Band: Die Genesis des Denkens und die Stufen seiner spontan aufsteigenden Bewegung. Zweiter Band: Die Verantwortung des Denkens und die Möglichkeit seiner Vollendung. Freiburg-München 1953 und 1956.
7. Vergleiche Maurice Blondel: Das Denken. Erster Band, Seite 51ff. und 269.
8. Vergleiche ebenda, Seite 119 und 331. Sowie: Zweiter Band, Seite 153 und 395.
9. Deutsch: Die Aktion (1893). Versuch einer Kritik des Lebens und einer Wissenschaft der Praktik. Freiburg-München 1965.
10. Vergleiche ebenda, Seite 347.
11. Siehe auch Maurice Blondel: Der Ausgangspunkt des Philosophierens. Drei Aufsätze. Hamburg 1992, Seite 78ff. und 98. – Der Originaltitel des betreffenden Aufsatzes von 1906 lautet: Le point de départ de la recherche philosophique.
12. Siehe auch, in Bezug auf Blondels Unterscheidung, Gabriel Marcel: Tragische Weisheit. Zur gegenwärtigen Situation des Menschen. Wien 1974, Seite 41 und 220.
13. Vergleiche Karl Jaspers: Vom Ursprung und Ziel der Geschichte. München 1963, Seite 30.
14. Hermann Schmitz: Der unerschöpfliche Gegenstand. Grundzüge der Philosophie. Bonn 2018, Seite 6.

15. Ebenda, Seite 16.
16. Vergleiche Jeanne Hersch: Die Illusion, Seite 38 und 45.
17. Vergleiche Sören Kierkegaard: Über den Begriff der Ironie mit ständiger Rücksicht auf Sokrates. Gütersloh 1991, Seite 40 und 49.
18. Vergleiche im Folgenden Platon: Menon, 79E–82A.
19. Vergleiche Platon: Theaitetos, 155C.
20. Den Hinweis darauf verdanke ich Stefan Monhardt, Berlin.
21. Vergleiche Aron Ronald Bodenheimer: Warum? Von der Obszönität des Fragens. Stuttgart 1992, Seite 34. Im Folgenden: Seite 63, 70ff., 97, 103, 110, 192f., 216 und 235.
22. Vergleiche Aristoteles: Metaphysik, 980A.
23. Vergleiche im Folgenden Aristoteles: Sophistische Widerlegungen (Organon IV), 165a. Im Folgenden: 170b–172b, 176a/b und 183b.
24. Vergleiche Aron Roland Bodenheimer: Verstehen heißt antworten. Stuttgart 1992, Seite 21.
25. Vergleiche Bernhard Waldenfels: Schattenrisse der Moral. Frankfurt/M. 2006, Seite 111.
26. Vergleiche im Folgenden Platon: Des Sokrates Verteidigung, 19D–23A, 31B, 36C, und 40E.
27. Vergleiche Paul Valéry: Eupalinos oder Der Architekt. Berlin 2017, Seite 41. Im Folgenden: Seite 80, 82, 111 und 113f.
28. Vergleiche Bernhard Waldenfels: Antwortregister. Berlin 2007, Seite 39. Im Folgenden: Seite 81, 119, 193, 317 und 460f.
29. Vergleiche Fritz Heinemann: Jenseits des Existentialismus. Studien zum Gestaltwandel der gegenwärtigen Philosophie. Stuttgart 1957, Seite 156. Im Folgenden: Seite 159, 165f. und 236f.
30. Siehe auch Georg Wilhelm Friedrich Hegel: Plato. In: Vorlesungen über die Geschichte der Philosophie. Zweiter Band. Leipzig 1982, Seite 17.
31. Vergleiche Georg Wilhelm Friedrich Hegel: Sokrates. In: Vorlesungen über die Geschichte der Philosophie. Erster Band. Leipzig 1982, Seite 419. Im Folgenden: Seite 421.
32. Vergleiche Immanuel Kant: Beantwortung der Frage: Was ist Aufklärung? In: Schriften zur Anthropologie, Geschichtsphilosophie, Politik und Pädagogik. Band 1 (= Werkausgabe Band XI). Frankfurt/M. 1978, Seite 53. Im Folgenden: Seite 54f., 57 und 59ff.
33. Vergleiche im Folgenden Johann Georg Hamann: Brief an Christian Jacob Kraus vom 18. Dezember 1784. In: Ehrhard Bahr (Hrsg.): Was ist Aufklärung? Thesen und Definitionen. Stuttgart 2006, Seite 20ff. Sowie Manfred Geier: Kants Welt. Reinbek 2004, Seite 208ff.

34. Vergleiche Jean Piaget: Abriß der genetischen Epistemologie. Olten und Freiburg im Breisgau 1980, Seite 129.
35. Vergleiche Jean Piaget: Das Erwachen der Intelligenz beim Kinde. Stuttgart 2003, Seite 15ff.
36. Vergleiche im Folgenden Gregory Bateson: Die logischen Kategorien von Lernen und Kommunikation. In: Ökologie des Geistes. Anthropologische, psychologische, biologische und epistemologische Perspektiven. Frankfurt/M. 1983, Seite 379.
37. Vergleiche im Folgenden Benjamin Libet: Mind Time. Wie das Gehirn Bewusstsein produziert. Frankfurt/M. 2005, Seite 57, 120, 122, 159 und 183.
38. Vergleiche Franz Kafka: Er. In: Beschreibung eines Kampfes. Novellen, Skizzen, Aphorismen aus dem Nachlass. Frankfurt/M. 1986, Seite 222.
39. Vergleiche im Folgenden Hannah Arendt: Vom Leben des Geistes. Das Denken. Das Wollen. München-Zürich 2015, Seite 198f.
40. Vergleiche Maurice Blondel: Die Aktion (1893), Seite 10. Im Folgenden: Seite 370.
41. Vergleiche Ernst Ulrich von Weizsäcker und Anders Wijkman u.a.: Wir sind dran. Was wir ändern müssen, wenn wir bleiben wollen. München 2019, Seite 18. Im Folgenden: 34f., 99f., 112, 121f., 181ff. und 186.
42. Vergleiche Josef H. Reichholf: Stabile Ungleichgewichte. Die Ökologie der Zukunft. Frankfurt/M. 2008, Seite 95ff. Im Folgenden: Seite 42, 51f., 57f. und 122f.
43. Vergleiche Lynn Margulis: Die andere Evolution. Berlin 1999, Seite 160. Im Folgenden: Seite 18, 48, 143f. und 150ff.
44. Vergleiche Johannes Müller-Salo: Klima, Sprache und Moral. Eine philosophische Kritik. Stuttgart 2020, Seite 15. Im Folgenden: Seite 16, 57 und 78ff.
45. So die Definition in Wikipedia.
46. Vergleiche Friedrich Cramer: Chaos und Ordnung. Die komplexe Struktur des Lebendigen. Frankfurt/M. 1993, Seite 229, 231ff. und 240.
47. Vergleiche Thomas Nagel: Die Grenzen der Objektivität. Philosophische Vorlesungen. Stuttgart 1991, Seite 12 und 15. Im Folgenden: Seite 40 und 128.
48. Vergleiche Thomas Nagel: Letzte Fragen/Mortal Questions. Hamburg 2008, Seite 234.
49. Vergleiche Aristoteles: Nikomachische Ethik 1104a–1109b und 1125b. Im Folgenden: 1127a und 1168b.
50. Vergleiche Maurice Merleau-Ponty: Phänomenologie der Wahrnehmung. Berlin 1974, Seite 7.

51. Franz Kafka: Beschreibung eines Kampfes. In: Sämtliche Erzählungen. Frankfurt/M. 1981, Seite 252.

52. Vergleiche im Folgenden Gabriel Marcel: Metaphysisches Tagebuch (7. und 8. November sowie 5., 11. und 23. Dezember 1932). In: Sein und Haben. Paderborn 1954, Seite 111f., 121f. und 127. Siehe auch Gabriel Marcel: Die Erniedrigung des Menschen. Frankfurt/M. 1957, Seite 100ff.

53. Vergleiche Aristoteles: Nikomachische Ethik. 1106b. Im Folgenden: 1102a, 1107a, 1159b, 1166b und 1177b.

54. Vergleiche im Folgenden Franz Brentano: Psychologie vom empirischen Standpunkt. Hamburg, Meiner, 1973, Seite 124f, 127f. und 137.

55. Siehe Anmerkung 34 und 35.

56. Vergleiche Jean Piaget: Meine Theorie der geistigen Entwicklung. Frankfurt/M. 1988, Seite 35. Im Folgenden: Seite 36, 38 und 47.

57. Siehe Anmerkung 5.

58. Vergleiche Aristoteles: Metaphysik, 1032a.

59. Vergleiche Georg Friedrich Wilhelm Hegel: Phänomenologie des Geistes. Frankfurt/M. 1973, Seite 23.

60. Vergleiche Alfred North Whitehead: Prozeß und Realität. Frankfurt/M. 1987, Seite 57 und 406f.

61. Vergleiche Hermann Schmitz: Gibt es die Welt? Freiburg-München 2014, Seite 46 und 54. Im Folgenden: Seite 86–90, 95f. und 107.

62. Vergleiche Jean-Jacques Rousseau: Bekenntnisse. Frankfurt/M. 1985, Seite 37, 500ff. und 545.

63. Vergleiche Robert Spaemann: Rousseau – Bürger ohne Vaterland. München 1980, Seite 12ff.

64. Vergleiche Gilbert Keith Chesterton: Die Abenteuer des Glaubens. Olten o.J., Seite 16f.

65. Siehe Anmerkung 52.

66. Vergleiche Georg Friedrich Wilhelm Hegel: Sokrates. A. a. O., Seite 362.

67. Vergleiche Karl Jaspers: Kleine Schule des philosophischen Denkens. München 1974, Seite 44ff.

68. Vergleiche Hermann Schmitz: Wie der Mensch zur Welt kommt. Beiträge zur Geschichte der Selbstwerdung. Freiburg-München 2019, Seite 110.

69. Vergleiche Dieter Henrich: Denken und Selbstsein. Vorlesungen über Subjektivität. Berlin 2016, Seite 27.

70. Vergleiche John Gribbin (unter Mitarbeit von Mary Gribbin): Geschöpfe aus Sternenstaub. Warum wir nicht einzigartig sind. München-Zürich 2000, Seite 13, 15 und 41ff.

71. Vergleiche Thomas Nagel: Der Blick von nirgendwo. Frankfurt/M. 2012, Seite 92.

72. Siehe Anmerkung 46.

73. Vergleiche Maurice Merleau-Ponty: Der Philosoph und sein Schatten. In: Das Auge und der Geist. Philosophische Essays. Hamburg 1984, Seite 48.

74. Vergleiche Jean-Jacques Rousseau: Träumereien eines einsamen Spaziergängers. Stuttgart 2014, Seite 24f. und 27f.

75. Vergleiche David B. Morris: Geschichte des Schmerzes. Frankfurt/M. 1996, Seite 26. Im Folgenden: Seite 31, 46, 101f., 390 und 394.

76. Vergleiche Georg Friedrich Wilhelm Hegel: Die Differenz des Fichteschen und Schellingschen Systems der Philosophie. In: Jenaer Schriften (1801-1807). Werke in zwanzig Bänden. Band 2. Frankfurt/M. 1970, Seite 20. Im Folgenden: Seite 22 und 25f.

77. Vergleiche Georg Friedrich Wilhelm Hegel: Enzyklopädie der philosophischen Wissenschaften im Grundrisse. Hamburg 2011, Seite 48. Im Folgenden: Seite 287ff. und 336f.

78. Siehe Anmerkung 59. Vergleiche im Folgenden Georg Friedrich Wilhelm Hegel: Phänomenologie des Geistes, Seite 24, 56, 168f. und 556f.

79. Vergleiche Clive Staples Lewis: Über den Schmerz. Gießen o.J., Seite 25.

80. Georg Friedrich Wilhelm Hegel: Enzyklopädie der philosophischen Wissenschaften im Grundrisse. Dritter Teil. Die Philosophie des Geistes. Mit den mündlichen Zusätzen. Frankfurt/M. 1986, Seite 26.

81. Vergleiche Georg Friedrich Wilhelm Hegel: Glauben und Wissen oder Reflexionsphilosophie der Subjektivität in der Vollständigkeit ihrer Formen als Kantische, Jacobische und Fichtesche Philosophie. In: Jenaer Schriften (1801–1807), Seite 432.

82. Georg Friedrich Wilhelm Hegel: Vorlesungen über die Ästhetik. Zweiter Teil: Entwicklung des Ideals zu den besonderen Formen des Kunstschönen. Stuttgart 2008, Seite 600.

83. Ebenda, Seite 601.

84. Siehe Marguerite Duras: Der Schmerz. München 1989, Seite 9–82.

85. Vergleiche Robert Antelme: Das Menschengeschlecht. München 1987, Seite 56.

86. Georg Friedrich Wilhelm Hegel: Vorlesungen über die Ästhetik, Seite 590.

87. Siehe Anmerkung 5 und 57.

88. Vergleiche Maurice Blondel: Die Aktion (1893), Seite 16 und 352.

89. Vergleiche Nicolai Hartmann: Der philosophische Gedanke und seine Geschichte. In: Der philosophische Gedanke und seine Geschichte. Aufsätze. Stuttgart o.J., Seite 7.

90. Vergleiche Henri Bergson: Die seelische Energie. In: Philosophie der Dauer. Textauswahl von Gilles Deleuze. Hamburg 2013, Seite 157f.

91. Nicolai Hartmann: Zeitlichkeit und Substantialität. A.a.O., Seite 84. Vergleiche im Folgenden: Seite 85, 87 und 90f.

92. Vergleiche Maurice Merleau-Ponty: Lob der Philosophie. In: Das Auge und der Geist, Seite 139. Im Folgenden: Seite 146.

93. Aristoteles: Über die Seele. Buch III. 4, 429.

94. Vergleiche Donald Davidson: Denken und Reden. In: Wahrheit und Interpretation. Frankfurt/M. 1994, Seite 237. Im Folgenden: Seite 245; sowie Donald Davidson: Voraussetzungen für Gedanken. In: Der Mythos des Subjektiven. Philosophische Essays. Stuttgart 2007, Seite 5f., 12–15.

95. Vergleiche Platon: Theaitetos, 191C–192A. Im Folgenden: 189A–190A.

96. Siehe Sigmund Freud: Notiz über den „Wunderblock". In Studienausgabe. Band III: Psychologie des Unbewußten. Frankfurt/2000, Seite 365–369.

97. Neben Ernst Mach (1838–1916) Vertreter des Empiriokritizismus.

98. Vergleiche Richard Avenarius: Der menschliche Weltbegriff. Berlin 2014, Seite 23f.

99. Siehe Anmerkung 34, 35 und 56.

100. Vergleiche Karl Jaspers: Philosophie II: Existenzerhellung. Berlin-Heidelberg-New York 1973, Seite 57. Im Folgenden: Seite 61f.

101. Karl Jaspers: Von der Wahrheit. München 1947, Seite 115.

Literatur

- Antelme, Robert: Das Menschengeschlecht. Übersetzt von Eugen Helmlé. München, Hanser, 1987.
- Arendt, Hannah: Vom Leben des Geistes. Das Denken. Das Wollen. Herausgegeben von Mary McCarthy. Übersetzt von Hermann Vetter. München-Zürich, Piper, 2015.
- Aristoteles: Metaphysik. Schriften zur Ersten Philosophie. Übersetzt von Franz F. Schwarz. Stuttgart, Reclam, 1997.
- Aristoteles: Nikomachische Ethik. Übersetzt von Franz Dirlmeier. Stuttgart, Reclam, 1969.
- Aristoteles: Sophistische Widerlegungen (Organon VI). Übersetzt von Eugen Rolfes. Hamburg, Meiner, 1968.
- Avenarius, Richard: Der menschliche Weltbegriff. Berlin, Xenomoi, 2014.
- Bahr, Eberhard (Hrsg.): Was ist Aufklärung? Thesen und Definitionen. Stuttgart, Reclam, 2006.
- Bateson, Gregory: Ökologie des Geistes. Anthropologische, psychologische, biologische und epistemologische Perspektiven. Übersetzt von Hans Günter Holl. Frankfurt/M., Suhrkamp, 1983.
- Bergson, Henri: Philosophie der Dauer. Textauswahl von Gilles Deleuze. Übersetzt von Margarethe Drewsen. Hamburg, Meiner, 2013.
- Blondel, Maurice: Das Denken. 2 Bände. Übersetzt von Robert Scherer. Freiburg-München, Alber, 1953 und 1956.
- Blondel, Maurice: Der Ausgangspunkt des Philosophierens. Drei Aufsätze. Übersetzt und herausgegeben von Albert Raffelt und Hansjürgen Verweyen unter Mitarbeit v. Ingrid Verweyen. Hamburg, Meiner, 1992.
- Blondel, Maurice: Die Aktion (1893). Versuch einer Kritik des Lebens und einer Wissenschaft der Praktik. Übersetzt von Robert Scherer. Freiburg-München, Alber, 1965.

– Bodenheimer, Aron Roland: Verstehen heißt antworten. Stuttgart, Reclam, 1991.
– Bodenheimer, Aron Roland: Warum? Von der Obszönität des Fragens. Stuttgart, Reclam, 1991.
– Brentano, Franz: Psychologie vom empirischen Standpunkt. Hamburg, Meiner, 1973.
– Chesterton, Gilbert Keith: Das Abenteuer des Glaubens. Übersetzt von Paula Rüf. Olten, Walter, o.J. (1947).
– Cramer, Friedrich: Chaos und Ordnung. Die komplexe Struktur des Lebendigen. Frankfurt/M., Insel, 1993.
– Davidson, Donald: Der Mythos des Subjektiven. Philosophische Essays. Übersetzt von Joachim Schulte. Stuttgart, Reclam, 2007.
– Davidson, Donald: Wahrheit und Interpretation. Übersetzt von Joachim Schulte. Frankfurt/M., Suhrkamp, 1994.
– Duras, Marguerite: Der Schmerz. Übersetzt von Eugen Helmlé. München, Knaur, 1989.
– Freud, Sigmund: Studienausgabe. Herausgegeben von Alexander Mitscherlich, Angela Richards, James Strachey. Frankfurt/M., Fischer, 2000.
– Geier, Manfred: Kants Welt. Eine Biographie. Reinbek, Rowohlt, 2004.
– Gribbin, John (unter Mitarbeit von Mary Gribbin): Geschöpfe aus Sternenstaub. Warum wir nicht einzigartig sind. Übersetzt von Thorsten Schmidt, München-Zürich, Piper, 2000.
– Hartmann, Nicolai: Der philosophische Gedanke und seine Geschichte. Aufsätze. Stuttgart, Reclam, o.J.
– Hegel, Georg Friedrich Wilhelm: Enzyklopädie der philosophischen Wissenschaften im Grundrisse. Herausgegeben von Friedhelm Nicolin und Otto Pöggeler. Hamburg, Meiner, 2011.
– Hegel, Georg Friedrich Wilhelm: Enzyklopädie der philosophischen Wissenschaften im Grundrisse. Dritter Teil. Die Philosophie des Geistes. Mit den mündlichen Zusätzen. Frankfurt/M., Suhrkamp, 1986.

– Hegel, Georg Friedrich Wilhelm: Vorlesungen über die Ästhetik. Herausgegeben von Rüdiger Bubner. Stuttgart, Reclam, 2008 und 2003.
– Hegel, Georg Wilhelm Friedrich: Phänomenologie des Geistes (= Theorie-Werkausgabe Band 3). Frankfurt/M., Suhrkamp, 1973.
– Hegel, Georg Wilhelm Friedrich: Vorlesungen über die Geschichte der Philosophie. Erster und zweiter Band. Leipzig, Reclam, 1982.
– Heinemann, Fritz: Jenseits des Existentialismus. Studien zum Gestaltwandel der gegenwärtigen Philosophie. Stuttgart, W. Kohlhammer, 1957.
– Henrich, Dieter: Denken und Selbstsein. Vorlesungen über Subjektivität. Berlin, Suhrkamp, 2016.
– Hersch, Jeanne: Die Illusion. Der Weg der Philosophie. Übersetzt von Ernst von Schenck. München, Lehnen, o. J.
– Jaspers, Karl: Das Wagnis der Freiheit. Gesammelte Aufsätze zur Philosophie. Herausgegeben von Hans Saner. München, Piper, 1996.
– Jaspers, Karl: Der philosophische Glaube. München, Piper, 1963.
– Jaspers, Karl: Kleine Schule des philosophischen Denkens. München, Piper, 1974.
– Jaspers, Karl: Philosophie. Band II: Existenzerhellung. Berlin-Heidelberg-New York, de Gruyter, 1973.
– Jaspers, Karl: Vom Ursprung und Ziel der Geschichte. München, Piper, 1963.
– Jaspers, Karl: Von der Wahrheit. München, Piper, 1947.
– Kafka, Franz: Beschreibung eines Kampfes. Novellen, Skizzen, Aphorismen aus dem Nachlass. Herausgegeben von Max Brod. Frankfurt/M., Fischer, 1986.
– Kafka, Franz: Sämtliche Erzählungen. Herausgegeben von Paul Raabe. Frankfurt/M., Fischer, 1981.

– Kant, Immanuel: Schriften zur Anthropologie, Geschichtsphilosophie, Politik und Pädagogik. Band 1. (= Werkausgabe Band XI). Herausgegeben von Wilhelm Weischedel. Frankfurt/M., Suhrkamp, 1978.
– Kierkegaard, Sören: Über den Begriff der Ironie mit ständiger Rücksicht auf Sokrates. Übersetzt von Emanuel Hirsch. In: Gesammelte Werke. Herausgegeben von Emanuel Hirsch und Hayo Gerdes. 31. Abteilung. Gütersloh, Gütersloher Verlagshaus Gerd Mohn, 1991.
– Lewis, Clive Staples: Über den Schmerz. Übersetzt von Hildegard und Josef Pieper. Gießen, Brunnen, o. J.
– Libet, Benjamin: Mind Time. Wie das Gehirn Bewusstsein produziert. Übersetzt von Jürgen Schröder. Frankfurt/M., Suhrkamp, 2005.
– Marcel, Gabriel: Die Erniedrigung des Menschen. Übersetzt von Herbert Peter und Maria Schaad. Frankfurt/M., Knecht, 1957.
– Marcel, Gabriel: Sein und Haben. Übersetzt von Ernst Behler. Paderborn, Schöningh, 1954.
– Marcel, Gabriel: Tragische Weisheit. Zur gegenwärtigen Situation des Menschen. Übersetzt von Peter Kampits und Lieselotte Urbach. Wien, Europaverlag, 1974.
– Margulis, Lynn: Die andere Evolution. Übersetzt von Sebastian Vogel. Heidelberg-Berlin, Spektrum Akademischer Verlag, 1999.
– Merleau-Ponty, Maurice: Das Auge und der Geist. Philosophische Essays. Übersetzt von Hans Werner Arndt. Hamburg, Meiner, 1984.
– Merleau-Ponty, Maurice: Phänomenologie der Wahrnehmung. Übersetzt von Rudolf Boehm. Berlin, de Gruyter, 1966.
– Montaigne, Michel de: Essais. Übersetzt von Hans Stilett. Frankfurt/M., Eichborn, 1998.
– Müller-Salo, Johannes: Klima, Sprache und Moral. Eine philosophische Kritik. Stuttgart, Reclam, 2020.

– Nagel, Thomas: Der Blick von nirgendwo. Übersetzt von Michael Gebauer. Frankfurt/M., Suhrkamp, 1992.
– Nagel, Thomas: Die Grenzen der Objektivität. Philosophische Vorlesungen. Übersetzt und Herausgegeben von Michael Gebauer. Stuttgart, Reclam, 1991.
– Nagel, Thomas: Letzte Fragen / Mortal Questions. Übersetzt von Michael Gebauer. Hamburg, Europäische Verlagsanstalt, 2008.
– Piaget, Jean: Abriß der genetischen Epistemologie. Übersetzt von Fritz Kubli. Olten, Freiburg im Breisgau, Walter, 1980.
– Piaget, Jean: Das Erwachen der Intelligenz beim Kinde. Stuttgart, Klett-Cotta, 2003.
– Piaget, Jean: Meine Theorie der geistigen Entwicklung. Herausgegeben von Reinhard Fatke. Übersetzt von Hainer Kober. Frankfurt/M., Fischer, 1988.
– Platon: Sämtliche Werke in drei Bänden. Erster und zweiter Band. Heidelberg, Lambert Schneider, 1982.
– Plessner, Hellmuth: Gesammelte Schriften IX. Schriften zur Philosophie. Herausgegeben von Günther Dux, Odo Marquard und Elisabeth Ströker unter Mitwirkung von Richard W. Schmidt, Angelika Wetterer und Michael-Joachim Zemlin. Frankfurt/M., Suhrkamp, 1980–1985.
– Reichholf, Josef H.: Stabile Ungleichgewichte. Die Ökologie der Zukunft. Frankfurt/M., Suhrkamp, 2008.
– Rousseau, Jean-Jacques: Bekenntnisse. Übersetzt von Ernst Hardt. Frankfurt/M., Insel, 1985.
– Rousseau, Jean-Jacques: Träumereien eines einsamen Spaziergängers. Übersetzt von Ulrich Bossier. Stuttgart, Reclam, 2014.
– Schmitz, Hermann: Der unendliche Gegenstand. Grundzüge der Philosophie. Bonn, Bouvier, 2018.
– Schmitz, Hermann: Gibt es die Welt? Freiburg-München, Alber, 2014.

– Schmitz, Hermann: Wie der Mensch zur Welt kommt. Beiträge zur Geschichte der Selbstwerdung. Freiburg-München, Alber, 2019.
– Schulz, Peter: Freundschaft und Selbstliebe bei Platon und Aristoteles. Semantische Studien zur Subjektivität und Intersubjektivität. Freiburg-München, Alber, 2000.
– Spaemann, Robert: Rousseau – Bürger ohne Vaterland. München, Piper, 1980.
– Valéry, Paul: Eupalinos oder Der Architekt. Übersetzt von Rainer Maria Rilke. Berlin, Suhrkamp, 2017.
– Waldenfels, Bernhard: Antwortregister. Berlin, Suhrkamp, 2007.
– Waldenfels, Bernhard: Schattenrisse der Moral. Frankfurt/M., Suhrkamp, 2006.
– Weizsäcker, Ernst Ulrich von; Wijkman, Anders; u.a.: Wir sind dran. Was wir ändern müssen, wenn wir bleiben wollen. Club of Rome: Der große Bericht. München, Pantheon, 2019.
– Whitehead, Alfred North: Prozeß und Realität. Entwurf einer Kosmologie. Übersetzt von Hans Günter Holl. Frankfurt/M., Suhrkamp, 1987.

Hinweis und Dank

Zum Ende eines Treffens des Philosophischen Gesprächskreises, den ich an der Volkshochschule Berlin-Schöneberg abhalte, trat ein Teilnehmer mit der Frage an mich heran, was denn eigentlich ein Gespräch gelingen lasse. Eine Frage, aus der ein Text – und schließlich dieses Buch hervorgegangen ist. Es versammelt neun Meditationen, von denen sechs als Vorarbeiten bereits veröffentlicht wurden: in den Zeitschriften *Die Gazette, Information Philosophie, der blaue reiter – Journal für Philosophie, Sinn und Form* sowie in dem Sammelband *Als gäbe es ein Morgen* (Marburg 2021). Diese Texte wurden komplett überarbeitet, erweitert sowie mit Anmerkungen versehen. Sie entfalten, in Folge gelesen, eine Theorie der Subjektivität im Widerspiel von Selbst und Welt.

Ich verdanke der an mich gestellten Frage mehr, als der Fragesteller geahnt haben kann. Mehr noch aber danke ich Janne Wilhelm, Potsdam, den ich ebenfalls im Zusammenhang dieses Gesprächskreises kennenlernen durfte. Er beriet mich bezüglich der Konzeption des Gesamttextes und stand mir durchgängig bei der Umsetzung zur Seite. Unser regelmäßiger, offenherziger Austausch hat mich vor den Turbulenzen der Abstandslosigkeit bewahrt – und so diesem Buch seine Form gegeben.

Stefan Diebitz

Die Vielfalt des Seins

Warum jeder Monismus scheitern muß

Zieht sich eine einzige Kette durch das Leben und alle seine Formen oder gibt es verschiedene Arten des Lebens, die durch eine tiefe Kluft voneinander geschieden sind? Vehement wendet sich Stefan Diebitz gegen die Vorstellung einer allumfassenden Kontinuität, wie sie von Leibniz entwickelt, von Hermann Cohen fortgeführt und von Richard Dawkins und Daniel Dennett wieder popularisiert wurde. Weil „Beobachtung und Einsicht" uns ein anderes Bild vermitteln als die modernen Materialisten, plädiert Diebitz unter Bezug auf Nicolai Hartmann und Alfred North Whitehead gegen monistische Welterklärungen und für die Akzeptanz der Vielfalt des Seins.

416 Seiten, gebunden, Fadenheftung, ISBN: 978-3-933722-74-4

Otto-Peter Obermeier

Moralisch fühlen, gierig handeln?

Zur Aktualität vom Adam Smiths „Theorie der moralischen Gefühle“

Viele Ethiken erzählen das Märchen von den Leidenschaften, die es mit Hilfe der Vernunft zu besiegen gilt. Nicht so Adam Smith! Otto-Peter Obermeier setzt sich ausführlich mit dem Denken des genialen Illustrators menschlicher Gefühle auseinander. Adam Smiths „Theorie der ethischen Gefühle“ ist nicht nur eine Fundgrube für individualpsychologische Einsichten, sondern auch für philosophische, sozialpsychologische und politische. Diese sind aktueller, wirklichkeitsnäher, nützlicher und menschlicher als so manches „moralinsaure“ Gesülze rein akademischer Ethiken.

528 Seiten, gebunden, Fadenheftung, ISBN: 978-3-933722-65-2

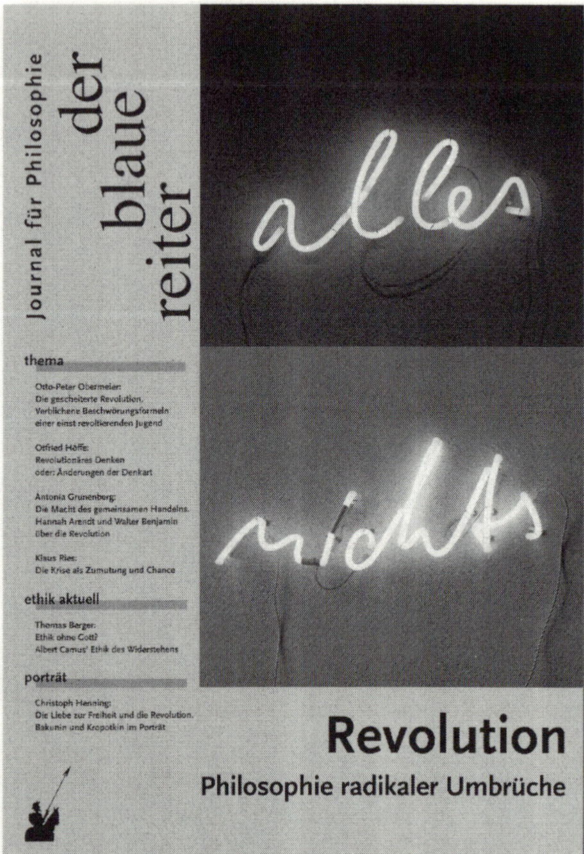

ISBN: 978-3-933722-71-3

Leben heißt Veränderung. Von Revolution als der gravierendsten aller Veränderungen spricht man dann, wenn nach einem Ereignis der Weg zum Zustand davor unmöglich geworden ist. Eine grundsätzlich andere Art des Denkens stellt plötzlich alles in ein neues, unerwartetes Licht. Entsprechend sind Revolutionen für jeden Einzelnen Anstoß und Triebkraft zur Erneuerung und Weiterentwicklung seines Denkens, Fühlens und Handelns.